AF495187

ET

TRAVAUX SCIENTIFIQUES

DU

Dr Jean HUTINEL

LIBRAIRIE LOUIS ARNETTE
PARIS

—

1926

TITRES

ET

TRAVAUX SCIENTIFIQUES

JEAN HUTINEL

TITRES

ET

TRAVAUX SCIENTIFIQUES

PARIS
LIBRAIRIE LOUIS ARNETTE
2, RUE CASIMIR-DELAVIGNE, 2

1926

TITRES ET FONCTIONS UNIVERSITAIRES

Externe des Hôpitaux, 1910.

Interne des Hôpitaux, 1913.

Chef de clinique à la Faculté (Hôpital Cochin), 1924.

Admissibilité au Concours de médecin des Hôpitaux (anonymat).

Reçu quatrième : 1924

Reçu premier : 1925

Médecin des Hôpitaux de Paris, 1925.

Médecin de la Consultation de l'Hôpital Hérold, 1926.

Lauréat de la Faculté : Prix de thèse (Médaille d'argent).

Lauréat de la Société médicale des Hôpitaux : Prix Gingeot, 1922 (avec Françon).

Lauréat de l'Académie de Médecine : Prix Desportes, 1920 (avec G. Paisseau et H. Lemaire).

TITRES MILITAIRES

Médecin auxiliaire au 231e d'Infanterie, 1914-1915.

Médecin auxiliaire au Laboratoire bactériologique de la 2e Armée, 1915.

Médecin aide-major de 2e classe au 221e régiment d'Artillerie, 1915-1917.

Médecin aide-major aux troupes du Maroc, 1917-1918.

Croix de guerre

Médaille coloniale (Maroc)

Médaille des épidémies

TRAVAUX

1° APPAREIL RESPIRATOIRE

1. **La dilatation des bronches de l'adulte** (en collaboration avec DE JONG). *Soc. méd. des Hôp.*, 28 avril 1922.

2. **La dilatation des bronches,** *Thèse Paris,* 1922 (Arnette, éditeur) (travail du service du Prof. Bezançon).

3. **La dilatation des bronches chez les adultes** (en collaboration avec DE JONG). *Journal Médical Français*, 1924, n° 1.

4. **Les dilatations des bronches.** *Revue pratique des maladies des pays chauds*, août 1926, n° 6.

5. **Pneumopathie à pneumobacille de Friedlander** (en collaboration avec VIBERT et Mlle HOUZEAU). *Société de Pédiatrie,* 15 juin 1926.

LA DILATATION DES BRONCHES

Les dilatations des bronches ont été décrites pour la première fois par Laënnec. Leurs lésions macroscopiques et leur évolution clinique furent ensuite précisées avec tant de soin que, malgré l'usage du microscope, les découvertes de la bactériologie et de la radiologie on a peu ajouté aux descriptions de cet auteur général et de ses successeurs.

Cependant les dilatations bronchiques sont encore, et même au plus haut point, un sujet d'actualité. L'anatomie pathologique, la clinique et surtout la thérapeutique en ont été tour à tour étudiées.

Nous résumerons dans cet exposé nos recherches personnelles sur ce sujet.

Anatomie pathologique

Au premier abord les lésions qui caractérisent anatomiquement les dilatations des bronches semblent complexes et difficiles à schématiser.

Cependant, quand on compare les ectasies de mort-nés n'ayant jamais respiré, à celles d'enfants qui ont succombé à des broncho-pneumonies traînantes, on peut juger des différences profondes qui les séparent. Chez le fœtus, on se trouve en présence d'un processus néoformateur que ne sont venus compliquer, ni des efforts respiratoires, ni une infection aérienne descendante. On constate une prolifération kystique du tissu bronchique dont l'origine est aussi obscure que celle des autres kystes glandulaires, à moins qu'elle ne soit motivée par un foyer infectieux de l'armature d'origine souvent hérédo-syphilitique.

Chez les enfants, l'infection broncho-pneumonique a compromis l'armature du conduit et les secousses de la toux l'ont dilaté. Point de processus actif en pareil cas, c'est une distension passive, une destruction. La bronche, gravement altérée dans sa structure, cède et se *dilate passivement* sous l'influence de la toux.

Les processus destructifs occupent certainement une place importante dans la constitution des bronchectasies des adultes, mais à côté d'eux, on découvre également des néoformations d'apparence kystique, des proliférations qui parfois font soupçonner un effort de réparation ou de renforcement des conduits ectasiés, mais aboutissent ordinairement à une transformation progressive du parenchyme pulmonaire.

Cependant, si dissemblables soient-elles, ces affections aboutissent à la même lésion macroscopique, l'augmentation du calibre des cavités bronchiques.

Deux processus, en effet, président à la constitution des ectasies bronchiques :

« L'un, qui apparaît surtout comme un vice de formation, autrement dit comme une *dysplasie*, consiste en une *néoformation*, en une sorte de bourgeonnement bronchique. Il domine dans les bronchectasies congénitales et se retrouve dans celles de l'adulte.

« L'autre, par contre, est un *processus de destruction*. Il est le facteur des bronchectasies de l'enfance, et son origine est infectieuse. Survenant à la suite de bronchopneumonies traînantes, l'infection *endobronchique descendante* et les *secousses de la toux* suffisent à dilater des parois bronchiques encore minces et peu résistantes.

« Dans d'autres cas, et ce mécanisme est également très important, l'infection se fait, non par la voie aérienne, mais par la *voie sanguine* ou *lymphatique*; elle atteint particulièrement la tunique externe du conduit et réalise ainsi une péribronchite qui, non seulement compromettra la résistance de l'armature bronchique, mais encore diffusera dans le parenchyme pulmonaire et vers la plèvre. Cette péribronchite se trouve réalisée dans certaines ectasies congénitales, elle a pu être reproduite expérimentalement par Thiroloix et Debré.

Chez l'adulte, la syphilis ou la tuberculose sont principalement à son origine.

C'est en proportions variables que l'on voit, surtout chez les sujets adultes, s'associer ces lésions et leurs origines infectieuses. Les lésions de la muqueuse et celles de la péribronchite se superposent au point qu'il est souvent difficile de distinguer celle qui a commencé. *On constate à la fois des lésions de néoformation et des processus de destruction*. L'infection se faisant par la voie aérienne et par la voie sanguine « *la bronche étant prise entre deux feux* » les dilatations sont ainsi les plus typiques et les plus accusées.

Mais à ces *lésions anatomiques*, à ces infections primitives, originelles, il faut ajouter les *manifestations secondaires*, qu'elles engendrent.

Ce sont : d'une part l'*infection secondaire*, d'origine aérienne de ces conduits dilatés et largement en rapport avec le rhino-pharynx.

Ce sont, d'autre part, et les *lésions irradiées* de la bronche vers le parenchyme pulmonaire et la plèvre, et les *processus de défense* par lesquels l'organisme tend à isoler ces cavités suppurantes.

On comprend donc facilement la complexité des lésions anatomiques et le polymorphisme des manifestations cliniques. *Cependant, si la dilatation des bronches se présente comme un syndrome ; c'est que deux notions seulement doivent être retenues : la béance des voies bronchiques et leur infection secondaire ; c'est que deux signes seulement sont typiques : l'abondance de l'expectoration et les constatations radiographiques après injection de lipiodol.*

A) **Dilatations bronchiques congénitales**

Simples trouvailles d'autopsie le plus souvent, ces dilatations méritent pourtant de n'être pas négligées, D'abord en raison de l'intérêt que présentent leurs lésions qui nous permettent de comprendre des altérations plus complexes et moins schématiques chez les adultes. Ensuite parce que l'on s'est demandé si, discrètes, latentes et pourtant méconnues, elles ne pourraient pas marquer le premier stade de manifestations tardives dont on ignore souvent l'origine (Bard).

Les lésions des dilatations bronchiques congénitales ont été décrites récemment par de Kervily, Couvelaire, Lelièvre et Morisson-Lacombe, Meillet. Nous ne rappellerons pas tous leurs aspects. *Seules deux formes présentent un intérêt doctrinal : l'une où domine l'hyperplasie bronchique,* et qui a été décrite comme la *maladie kystique du poumon,* l'autre où apparaissent des *réactions interstitielles* qui dénoncent l'intervention d'un *processus infectieux.*

1) Forme hyperplasique pure

Il s'agit de mort-nés. Si les nouveau-nés ont un peu survécu, de la cyanose, un gros foie, des œdèmes ont pu être constatés et la mort est rapidement survenue.

Ici, *pas d'action mécanique* : ni toux, ni efforts respiratoires le plus souvent. *D'une infection originelle on ne découvre aucune trace,* ni dans le liquide muqueux qui remplit les cavités, ni dans le tissu péribronchique.

Les lésions sont caractérisées par une *prolifération de la muqueuse bronchique,* qui a formé des plis à l'intérieur des cavités kystiformes, qui a poussé des bourgeons dans le parenchyme voisin et qui a constitué de véritables formations adénomateuses. Par contre, le chorion ne paraît pas hypertrophié, on ne découvre aucune trace d'infection endo ou péribronchique, aucune réaction inflammatoire.

Il s'agit donc d'une *pure dysplasie.* Du tissu bronchique a proliféré, là où devait naître un tissu pulmonaire, en raison d'une déviation des processus évolutifs dont nous aurons à discuter les origines.

2) Forme dysplasique avec réactions irritatives

Une observation autrefois publiée par Balzer et Grandhomme est restée le type des dilatations bronchiques congénitales dans lesquelles on observe, à côté de dilatations ampullaires d'origine dysplasique, une abondante prolifération interstitielle, causée par l'hérédo-syphilis.

Dans cette observation on voit, *à côté d'une dysplasie bronchique unilatérale*, comparable à celles de la forme précédente, des *réactions inflammatoires péribronchiques* d'origine sanguine et dues à l'hérédo-syphilis. *Ces lésions sont purement interstitielles.* Dans cette forme, l'enfant n'a pu infecter ses bronches en respirant. L'importance de ces lésions interstitielles contraste d'ailleurs avec l'intégrité relative des épithéliums. Ce fait se rapproche donc, non seulement des péribronchites avec dilatation des bronches obtenues expérimentalement par Thiroloix et Debré, mais encore de certains faits que nous envisagerons chez l'adulte.

Ces dilatations congénitales ont donné lieu à de multiples interprétations.

Parmi les auteurs qui ont étudié leurs lésions, Bard, Couvelaire, les ont judicieusement rapprochées des formations kystiques qui se produisent dans les reins, le foie, et dans d'autres organes glandulaires.

Il s'agit donc d'une véritable *maladie kystique du pou-*

mon, intéressante par ses lésions. Mais si le mot d'hyperplasie convient assez aux lésions de la muqueuse bronchique, quand on envisage le développement simultané du parenchyme pulmonaire et du système bronchique le terme de *dysplasie* est le seul qui fasse comprendre la rupture d'équilibre entre les deux systèmes, il y a *dysplasie bronchique*.

Quant aux *lésions insterstitielles,* elles montrent d'une part *l'infection sanguine pure,* car il s'agit de mort-nés n'ayant pas respiré et d'autre part *le rôle de la péribronchite dans la constitution des ectasies.* Ce sont des faits sur lesquels nous reviendrons. Ces lésions interstitielles sont pour la plupart dues à l'hérédo-syphilis.

B. — Dilatations bronchiques cylindriques des enfants

(***Petites dilatations des bronches***)

Les dilatations bronchiques cylindriques des enfants s'opposent nettement aux précédentes. Ici, la bronche ne prolifère pas, elle cède. *Une infection prolongée endobronchique* est à leur origine. Les secousses de la toux aident à leur distension. Dans le premier cas donc, le *processus* était essentiellement actif, dans celui-ci il est *purement passif*.

Histologiquement : l'épithelium est quelquefois conservé par places ; souvent il a disparu et a été remplacé par du tissu embryonnaire. En certains points, il a perdu ses cils vibratiles et est devenu cubique ou même pavimenteux.

L'armature bronchique est bouleversée, les fibres

musculaires et les cartilages sont détruits. Les fibres élastiques ne se retrouvent qu'en certains points ; généralement le tissu normal de la bronche a été remplacé par une gangue scléreuse riche en cellules rondes.

Ce processus d'infiltration et de sclérose ne se limite pas à la bronche. Dans les formes anciennes, le poumon est induré, atteint de pneumonie chronique et de sclérose péribronchique. Les plèvres sont adhérentes et épaisses. *Ces lésions sont donc bien différentes de celles des formes congénitales. Dans celles-ci, la dilatation des bronches, le kyste bronchique était presque toute la lésion. Dans les dilatations cylindriques de l'enfance, l'augmentation du calibre des bronches n'est qu'un élément d'une affection qui, lorsqu'elle est complète, se présente comme une sclérose bronchique, pulmonaire et pleurale.*

Ajoutons que l'on trouve souvent des altérations vasculaires et des bandes fibreuses dont nous soulignerons plus loin l'importance, car ce processus scléreux plaide en faveur de l'origine syphilitique des lésions.

En résumé, le fait dominant dans les dilatations cylindriques des enfants, c'est l'altération des bronches par un processus bronchopneumonique. L'armature de ces conduits étant détruite ou compromise, la toux et les efforts respiratoires peuvent en réaliser la dilatation.

C. — Dilatations bronchiques des adultes

Chez l'adulte, les divers processus de néoformation, de péribronchite et d'endobronchite peuvent également se rencontrer, soit isolément, soit simultanément et, dans ce dernier cas, ils se combinent en proportions variables.

Les néoformations : consistent en ces dilatations ampullaires véritables kystes bronchiques dans lesquels la muqueuse quand elle n'a pas été détruite par les infections secondaires forme des replis villeux. Elles sont peut-être à l'origine des formations adénomateuses juxtabronchiques. On trouve en outre dans certains cas une hypergénèse élastique et musculaire qu'on peut suivre jusque sous la plèvre.

Les destructions dues a la péribronchite ont été bien décrites par Letulle et Azoulay à l'autopsie d'un de leurs sujets : L'attaque de la bronche par le tréponème amène une congestion vasculaire et une infiltration de l'armature bronchique par des cellules rondes. « Bataille épithéliale » et « Panbronchite térébrante » expriment ces stades de début. Puis se produit la *mutilation de l'armature* aux dépens des fibres élastiques, des cartilages et des muscles. « La bronche est désarmée ». Mais l'infiltration totale de la paroi bronchique se cantonne comme dans toutes les lésions syphilitiques. Elle aboutit à un nodule, véritable gomme en miniature, foyer bronchopneumonique insterstitiel analogue à celui du cas de Balzer et Grandhomme. Ce nodule évolue soit vers la sclérose, soit vers une gomme, centrée par la bronche et un vaisseau, qui, lorsqu'elle se ramollit, aboutit à une « caverne bronchique ».

La sclérose due à cette péri-bronchite syphilitique peut être soit scléro-atrophique, soit scléro-hyperplasique avec hypergénèse élastique (sclérose élastigène de Letulle).

Les réactions de défense : Mais en outre, chez l'adulte comme chez l'enfant, il faut envisager, nous l'avons dit, l'infection des cavités bronchiques, *que cette infection, comme nous le verrons plus loin, soit la cause ou la conséquence des ectasies bronchiques.*

Nous disions dans notre thèse en 1922 :

« De même qu'un organe ne réagit pas contre un adénome mais se défend contre un abcès, de même le poumon lutte contre l'infection, qu'elle soit causale ou secondaire, alors qu'un processus de néoformation continue sourdement son évolution. La réaction scléreuse des tissus péribronchiques tend à isoler l'infection du reste de l'organisme et son développement a secondairement un rôle de contention vis-à-vis de l'hyperplasie cellulaire. C'est probablement pour cette raison que les dilatations de l'adulte, toujours infectées, ne peuvent atteindre le développement de celles du fœtus.

Si l'infection a une double origine aérienne et péribronchique surtout si la syphilis est en cause, la réaction scléreuse est intense comme cela se voit chez les enfants ».

Mais ce processus scléreux de défense dépasse son but :

Il maintient béants les conduits bronchiques, facilite leur infection secondaire et irradiant dans le poumon, vers la plèvre, il devient un obstacle au décollement des feuillets pleuraux et à la compression du lobe atteint.

Dans quelques cas (Letulle) il rétrécit au contraire la lumière bronchique et peut être l'origine des *rétrécissements.* C'est la *« bronchite oblitérante ».*

Physio-pathologie

Le rôle de l'infection

1° Les infections causales

C'est l'infection qui est à la base aussi bien des lésions anatomiques que l'évolution clinique et des complications (Sergent).

Elle peut se faire par deux voies, par la voie sanguine, par la voie aérienne et à la fois par la voie sanguine et par la voie aérienne.

Chez le fœtus, quand elle existe, elle se fait exclusivement par *voie sanguine*. Tout se passe alors suivant le mécanisme indiqué par Thiroloix et Debré : il y a, à la fois péribronchite et hypergénèse épithéliale.

Chez l'enfant, elle se fait surtout par la *voie aérienne*. L'agent infectieux amené par l'aspiration enflamme et altère la muqueuse ; s'il cause une broncho pneumonie grave et prolongée, toutes les tuniques de la bronche successivement atteintes finissent par se désorganiser et cèdent sous l'influence de la toux et des efforts respiratoires.

Ces deux types extrêmes d'infection bronchique s'associent souvent, surtout chez les syphilitiques ; alors la bronche prise entre deux feux résiste mal et la dilatation se produit facilement.

Chez l'adulte un catarrhe aigu n'a pas de pareilles conséquences. Il n'en est pas de même cependant des catarrhes chroniques consécutifs à des infections des cavités nasales.

On l'observe à la suite de sinusites, de rhino-pharyngites chroniques engendrant ce que Sergent, Flurin ont appelé les rhino-bronchites descendantes. Cependant il est rare que l'infection banale de la muqueuse puisse chez un adulte réaliser une ectasie, surtout une ectasie ampullaire.

Par contre les infections spécifiques,comme la tuberculose dans les formes bronchitiques décrites par Dumarest et Marotte, ou certaines gangrènes pulmonaires subaiguës (Lemierre et Kindberg) peuvent être à leur origine.

Mais alors que les *infections causales* sont facilement reconnues quand il s'agit d'une broncho-pneumonie traînante aboutissant à la dilatation, par contre les *infections sanguines sont torpides.*

Cependant,quand une broncho-pneumonie de cause banale évolue d'une manière traînante chez un hérédo-syphilitique on peut soupçonner le rôle d'une *péribronchite syphilitique*. A chaque poussée aiguë, les signes s'accentuent et la dilatation bronchique finit par être reconnue. Dans ces cas une infection aiguë a eu pour effet de réveiller en un point de l'appareil respiratoire l'infection spécifique latente ou larvée, de modifier ainsi l'évolution des lésions et de les orienter vers la sclérose. Il s'agit de *réveils*, comme l'ont montré Hutinel et Nadal, et ces réveils ne se font pas exclusivement dans la muqueuse,ils se produisent à la périphérie de la bronche et exercent leur action principalement sur l'armure élastique.

Dans la tuberculose, certaines poussées granuliques

torpides (Burnand) qui se présentent sous forme de corticopleurites traînantes mais curables et sclérosantes peuvent avoir des conséquences analogues.

Nous voyons donc combien les infections sanguines causales sont silencieuses, sournoises et souvent méconnues ; elles n'ont guère d'histoire clinique.

2° *Infections secondaires.*

A ces infections causales, originelles que nous venons de décrire, il faut opposer les *Infections secondaires*. La symptomatologie de la dilatation et une bonne partie de ses lésions sont sous leur dépendance. N'existant pas chez le fœtus, elles donnent aux bronchectasies de l'enfant et à celles de l'adulte un aspect particulier.

Facilitées par la béance des conduits bronchiques, elles sont dues à des termes vulgaires. Si elles sont monomicrobiennes au moment d'une poussée aiguë, au contraire dans les vieilles bronchorrhées purulentes, *la variété des germes est une des caractéristiques les plus nettes que fournisse l'examen des crachats.* Quelle qu'ait été la cause de la dilatation des bronches : sclérose post bronchopneumonique, syphilis, tuberculose, forme idiopathique de Bard, action des gaz de combat, corps étranger, le tableau clinique ne varie guère. *Deux notions seulement doivent être retenues pour expliquer la symptomatologie :* la béance des voies bronchiques et leur infection secondaire. Ce que nous avancions dans notre thèse a été prouvé par Bezançon et ses collaborateurs : non infectées, les dilatations sont latentes et, dans la forme hémoptoïque sèche, seule l'injection de lipiodol peut faire la preuve de la lésion.

Cette infection ne reste pas confinée dans la cavité bronchique, *elle irradie* toujours dans le parenchyme ambiant, causant des pneumonies, bronchopneumonies, congestions pulmonaires, réactions pleurales. Elle agit d'une manière lente et continue, provoque des réactions presque insensibles et c'est ainsi que graduellement se constituent des scléroses péribronchiques, pulmonaires ou pleurales.

De la cavité bronchique enfin, les infections secondaires peuvent se propager par voie sanguine. Certaines lésions du foie, des reins, du cerveau peuvent avoir cette origine.

Si les agents de ces infections secondaires sont essentiellement variables, ils n'appartiennent pas forcément à la gamme des saprophytes. La tuberculose chez l'enfant et l'adulte (Rist et Ameuille), les infections à anaérobies se développent parfois dans les mêmes conditions.

Pathogénie

Chez le foetus ou le nouveau-né : Les ectasies bronchiques apparaissent comme les manifestations d'une organisation vicieuse du parenchyme pulmonaire : ce sont non pas des dystrophies, mais des dysplasies. Or, à l'origine de ces dysplasies communes en pathologie infantile et sur lesquelles Hutinel et Maillet ont récemment attiré l'attention, on trouve : des infections ou des intoxications chroniques des parents telles que la syphilis ou l'alcoolisme, des lésions endocriniennes, parfois seulement la sénilité.

L'évolution de l'organisme fœtal se fait alors en certains points d'une manière anormale, et la plupart des grands appareils peuvent être le siège d'une de ces aplasies ou dysplasies.

Dans le poumon, le bourgeonnement bronchique, au lieu d'aboutir à la constitution d'alvéoles et de lobules pulmonaires propres à l'hématose, ne fait que des bronches imparfaites et, dans ces proliférations tumultueuses, on ne voit que de l'épithélium bronchique plus ou moins modifié. Parfois, à côté de ces ampoules bronchiques, pareilles à des culs-de-sac glandulaires, on reconnaît la présence d'alvéoles mal formés qui, au lieu d'être tapissés d'épithélium plat, ne contiennent que des cellules cubiques et ont des parois plus ou moins épaisses. Dans certains cas, ces parois sont scléreuses et les lésions ressemblent à celles d'une bronchopneumonie interstitielle. On les a souvent considérées comme imputables à l'hérédo-syphilis. Il est certain que cette infection se découvre quelquefois à leur origine (Balzer et Grandhomme, de Kervily) ; mais l'action du trépomène n'a pu être démontrée dans tous les cas. Il n'en est pas moins vrai, que syphilitique ou non, cette dysplasie aboutit à des déformations ampullaires ou kystiques qui ont avec les kystes du rein et du foie de grandes analogies.

Comme ces aplasies formatrices se rapprochent généralement par quelques-uns de leurs caractères des atrophies régressives et des scléroses de l'âge adulte (Hutinel), il est intéressant de comparer les lésions congénitales aux dilatations bronchiques d'un âge plus avancé.

Chez l'enfant nous avons vu que le processus est différent. Ici, plus de bourgeonnement, ni de prolifération : la bronche altérée plus ou moins profondément par une infection, se distend sous les efforts de la toux : elle cède et se dilate. Lorsque la maladie causale est terminée, elle peut ainsi se réparer graduellement et, le développement aidant, une guérison apparente est souvent obtenue. Mais s'il intervient une infection chronique comme la syphilis qui agit non seulement sur le tissu conjonctivo-vasculaire péribronchique et facilite ainsi la sclérose, mais principalement sur l'armature élastique des conduits, alors la dilatation devient persistante et s'accompagne plus tard de pneumonie chronique, d'adhérences pleurales, médiastinales, etc...

Dans ces cas l'ectasie bronchique aboutit à un état presque irrémédiable, mais dont les conséquences n'apparaîtront souvent que longtemps après, sous la forme d'une infirmité plus ou moins grave.

Chez l'adulte, nous l'avons vu, les bronches sont trop solidement construites pour se laisser distendre par un processus aigu et passager. *Pour qu'elles cèdent il faut que leur armature élastique ait été gravement altérée*. Cette atteinte, souvent partielle, explique la fréquence des formes ampullaires. Si l'on voit le calibre des bronches augmenter chez certains catarrheux, d'ordinaire, les ectasies ampullaires supposent l'attaque brutale d'une infection comme la tuberculose ou surtout la syphilis. Celle-ci localisant ses effets sur la tunique externe et sur la charpente élastique du conduit, le désarme, l'affaiblit et permet la formation d'une poche bronchique comparable à celle d'une artère anévrysmatique.

C'est là le résultat passif d'un processus destructif d'ordre infectieux, à côté duquel se placent toujours des réactions actives, des scléroses plus ou moins envahissantes, des proliférations, des néoformations élastiques et musculaires constituant en certains points de véritables processus de défense.

LES DILATATIONS DES BRONCHES DE L'ADULTE

Pour les auteurs classiques la dilatation bronchique était une affection chronique dont les signes cavitaires, une grosse expectoration muco-purulente et une atteinte plus ou moins prononcée de l'état général étaient les symptômes dominants. En réalité, la dilatation bronchique de l'adulte se présente pendant sa période de début comme une maladie chronique entrecoupée de poussées aiguës. Cette notion importante a été développée dans un article de Bezançon et de Jong et dans une communication que nous avons faite avec de Jong.

La période initiale ; de la dilatation des bronches chez l'adulte paraît généralement obscure. Il arrive cependant qu'elle donne lieu à des manifestations qui marquent moins son début qu'elles ne témoignent de son ancienneté.

Dans les cas les plus communs, on observe, comme chez les enfants, des signes de *bronchopneumonie traînante.* Ce ne sont, il est vrai, que des épisodes aigus qui, à force de se répéter, finissent par s'éterniser. L'expectoration devient chaque jour plus abondante, plus purulente. On croit longtemps à un catarrhe vulgaire : la constatation des signes cavitaires annonce la période d'état. Cette évolution est peut être moins commune dans les ectasies ampullaires que dans les dilatations cylindriques.

Viennent ensuite les bronchectasies consécutives à des *corticopleurites* engendrées par des granulies discrètes et atténuées. Aux fluxions initiales causées par la tuberculose locale succède une sclérose pulmonaire ou pleurale et un catarrhe persistant souvent exempt de bacilles.

Parfois la dilatation se confond avec *certaines suppurations.*

Dans une pleurésie interlobaire par exemple, on constate à son stade initial une congestion de la base qui se répétant devient chronique et entraîne une sclérose progressive.

Dans la grande majorité des cas, *le début est latent* : en 1922, nous écrivions dans notre thèse : « Au début, l'infection causale, qui agit en détruisant l'armature bronchique, n'a d'histoire clinique que lorsqu'elle est secondaire à une bronchopneumonie traînante comme chez les enfants.

D'ordinaire, *c'est insidieusement* que les lésions péribronchiques se constituent, jusqu'au jour où les bronches dilatées et scléreuses se laissent envahir par les infections secondaires. *Nous voyons donc que, si les poussées aiguës sont les manifestations les plus précoces au point de vue clinique, lorsqu'elles se produisent, anatomiquement les lésions existent déjà à un stade avancé* ».

A propos de la forme idiopathique congénitale, Bard écrit : « toute séméiologie fait presque complètement défaut à l'origine et la lésion reste cliniquement latente ». Et plus loin : « elles ne se révèlent par la suite et pendant longtemps, que par la fréquence et la persistance des poussées bronchiques auxquelles elles exposent leur porteur ».

Les poussées aiguës ne marquent donc pas le début réel de la maladie, elles n'en sont que les premières complications engendrées par l'infection secondaire aérienne.

Le début apparent : les poussées aiguës. — *C'est d'ordinaire à l'occasion d'une infection accidentelle, bronchite ou bronchopneumonie que se révèle une dilatation bronchique.* Son début apparent est donc marqué par un épisode aigu auquel succèdent, à des intervalles plus ou moins éloignés, d'autre épisodes pareils ou différents qui tous aggravent la lésion bronchique et la conduisent à la forme chronique et définitive qu'elle revêt dans les bronchectasies incurables.

Les poussées aiguës, surtout au début de la maladie prennent généralement le masque d'une *bronchite aiguë* avec expectoration purulente. Le malade est un vieux tousseur qui s'enrhume tous les hivers, mais dont l'état général est resté satisfaisant.

L'expectoration purulente, abondante, se fait surtout le matin quand le malade change de position ; elle se divise en quatre couches (Bezançon et de Jong). On trouve quelques signes d'emphysème et de sclérose pulmonaire. L'auscultation donne des résultats très variables suivant que les bronches sont pleines ou vides. La température présente des oscillations entre 38° et 39°, mais la dyspnée est à peu près nulle. Les signes locaux et généraux durent plus ou moins longtemps ; peu à peu ils s'atténuent et disparaissent mais si la guérison est apparente, elle n'est jamais complète.

Les congestions pulmonaires sont ensuite les manifestations les plus communes ; elles ont une tendance remarquable à se répéter. Après un point de côté plus ou moins pénible, la température monte aux environs de 39°, la respiration s'accélère, le pouls devient fréquent et la toux apparaît. L'expectoration gommeuse et rosée, au début, devient vite purulente. Le thorax est plus ou moins rétracté en un point ; à cet endroit on trouve de la submatité et de l'augmentation des vibrations. Des râles ronflants, sibilants ou bulleux témoignent de l'existence d'un catarrhe généralisé ; mais sur un point des râles plus fins, plus éclatants, derrière lesquels on perçoit souvent un souffle à timbre pleurétique, révèlent la poussée congestive. Cette poussée peut avoir une assez longue durée ; peu à peu les symptômes généraux et les signes locaux de *cortico-pleurite* s'atténuent, les râles deviennent plus humides, mais restent localisés au point qui correspond à la lésion persistante. L'expectoration diminue, mais le malade continue à tousser et à cracher chaque matin.

Quelquefois on observe de véritables *bronchopneumonies* caractérisées par une fièvre vive et persistante. Alors la langue est sèche, le malade abattu ; il a de la dyspnée et un certain degré de cyanose. L'expectoration épaisse, purulente est plus ou moins teintée de sang. Les accidents prennent dans certains cas un caractère inquiétant. Les antécédents et l'évolution de la maladie permettent seuls, du moins au début, de savoir si derrière la poussée inflammatoire ne se cachent pas une lésion bronchique et une sclérose pulmonaire ancienne.

Plus rarement il s'agit d'une *pneumonie franche* dont les caractères sont plus ou moins modifiés. La résolution en est alors lente et incomplète : une expectoration purulente, accompagnée de symptômes cavitaires, fait d'autant plus croire à une fonte tuberculeuse que souvent il se produit des hémoptysies.

Dans d'autres cas, on croit à une *pleurésie avec épanchement*. Il s'agit en réalité, tantôt d'une symphyse pleurale ou d'une pleurésie sèche avec frottements, tantôt d'une cortico-pleurite avec léger épanchement séro-fibrineux. La déformation thoracique, la matité, les modifications des vibrations vocales, l'affaiblissement du murmure vésiculaire, le souffle ou les signes cavitaires ne sont pas toujours faciles à interpréter. La radiographie donne généralement des renseignements plus précis, mais souvent on est obligé de faire des ponctions exploratrices.

Des *processus nécrotiques* consistant, soit en une gangrène pulmonaire plus ou moins rapidement mortelle, soit en une gangrène curable des extrémités bronchiques peuvent se rencontrer. Il faut distinguer ces lésions nécrotiques des bronchites fétides qui résultent des fermentations putrides du contenu bronchique et qui expliquent la fétidité si fréquente de l'expectoration. La flore microbienne de ces infections à anaérobies est variée ; rarement elle contient du perfringens ou l'association fuso-spirillaire, la sérothérapie la modifie assez souvent.

C'est surtout à la période initiale que les manifestations pleuro-pulmonaires apparaissent comme des affections aiguës dues à l'intervention d'un seul germe pathogène ; peu à peu le catarrhe chronique s'installe avec sa flore complexe et la dilatation des bronches se reconnaît facilement aux symptômes dont s'accompagne la phase terminale.

Formes chroniques invétérées. — A cette époque de la maladie on n'observe plus guère, ni les poussées fluxionnaires ou inflammatoires de la période initiale, ni surtout les répits qui les séparaient ; le mal est vraiment chronique. Chaque matin, le malade crache abondamment et parfois il a des hémoptysies. Il semble que la gangue scléreuse qui entoure les foyers de suppuration bronchique protège contre leur nocivité le reste de l'organisme et explique jusqu'à un certain point la persistance d'un état général satisfaisant.

La fièvre ne se montre franchement qu'au moment des exacerbations qui se produisent chaque hiver, au moindre rhume, au moindre refroidissement. Peu à peu, cependant, la température devient instable et finalement la fièvre est continue ou oscillante. La face est plus ou moins cyanosée, les ongles sont hippocratiques et le cœur droit finit par fléchir. La toux profonde, caverneuse est grasse et humide ; elle revient par quintes lorsque les bronches sont trop encombrées ; elle est surtout pénible le matin, à l'heure de la « toilette des bronches » (Lasègue). L'expectoration, habituellement très abondante, simule parfois une vomique ; elle ne se fait pas toujours facilement. Par le repos, elle se divise en quatre couches. Au fond du crachoir on voit un magmas puriforme épais et verdâtre ; au-dessus un mucus fluide, plus ou moins opaque à la partie supérieure duquel nagent des flocons légers, blanchâtres ou teintés qui ondulent quand on remue le crachoir, mais ne tombent pas au fond. Au-dessus de ce mucus fluide, les flocons se rassemblent et forment une nappe purulente dense, homogène, étalée en surface. Enfin, au-dessus, on voit une mousse aérée et spumeuse. L'odeur de ces crachats rappelle celle de l'aubépine, mais elle devient souvent fétide.

L'examen microscopique permet de reconnaître dans la couche profonde des polynucléaires dégénérés et des microbes, parmi lesquels se trouve le leptothrix buccalis ; dans les couches supérieures, des cristaux d'acides gras et des cellules bronchiques en dégénérescence graisseuse (Besançon et de Jong).

Le microbe que l'on trouve au cours d'une poussée aiguë est suivant les cas : un pneumocoque, un streplocoque, un pneumo-bacille de Friedlander ou un cocco-bacille de Pfeiffer. Dans les formes chroniques, l'abondance, la variété et le polymorphisme sont les caractéristiques de la flore microbienne. Tous ces germes proviennent d'infections secondaires et n'ont aucun rapport avec la cause initiale de la maladie. L'absence du bacille de Koch a une importance capitale. Les complications qui surviennent au cours de la maladie modifient l'expectoration.

La dyspnée est en général peu profonde, à moins que l'emphysème ne soit très développé. Si elle s'accentue, il faut songer à une complication ou à un épisode aigu, si elle devient menaçante il faut craindre l'insuffisance cardiaque.

Les signes physiques traduisent surtout la localisation du processus morbide : signes cavitaires, signes de sclérose pulmonaire, signes de symphyse pleurale, tranchant en un point, sur les signes diffus et généralisés d'un catarrhe bronchique.

Le thorax est globuleux s'il y a de l'emphysème, étriqué s'il y a des adhérences pleurales étendues, déprimé ou rétracté du côté où siège la légion.

Les vibrations locales sont souvent diminuées ou abolies ; cependant si la plèvre n'est pas très épaissie, elles s'exagèrent quand le poumon est induré.

Une matité plus ou moins nette se perçoit souvent au niveau du foyer : pourtant, si ce foyer est profond et masqué par un emphysème suffisamment développé, la sonorité est conservée ou exagérée. Dans le cas où une grosse dilatation ampullaire est superficielle, on peut percevoir du tympanisme ou le bruit de pot fêlé, même le signe de Wintrich ou celui de Gerhardt (Sergent).

LES DILATATIONS BRONCHIQUES DES ENFANTS

Les dilatations des bronches qui se rencontrent dans le jeune âge ont été longtemps considérées comme exceptionnelles. En réalité elles ne sont pas très rares.

Elles sont généralement consécutives à des broncho-pneumonies longues et traînantes. Une infection prolongée est capable de diminuer la résistance des conduits bronchiques ; d'autre part, ces tuyaux sont assez minces pour qu'une toux quinteuse, fréquente et persistante puisse les forcer et les distendre.

Il n'est donc pas étonnant que ces dilatations se rencontrent après les broncho-pneumonies de la coqueluche, ou de la rougeole ; dans le premier cas, c'est principalement la toux qu'il faut incriminer ; dans le second, c'est plutôt l'altération des parois. On les a notées à la suite de la grippe, de la diphtérie, etc.

Barth et Rendu ont beaucoup insisté sur l'influence pathogénique de la pleurésie ; mais les lésions pleurales ne sont qu'un des éléments des scléroses pulmonaires qui ne font guère défaut dans les dilatations bronchiques. Par contre la pneumonie n'a jamais été incriminée.

Des corps étrangers se rencontrent quelquefois à l'origine de ces ectasies ; dans d'autres cas on a noté des compressions, comme celles que peuvent exercer des ganglions caséeux ; mais alors la dilatation n'a pas seulement une origine mécanique : il existe en effet des lésions nerveuses et vasculaires qui modifient la résistance du tissu ; il est certain que, chez l'enfant, la tuberculose est plus souvent la conséquence que la cause des ectasies bronchiques.

Il est des causes, comme les broncho-pneumonies graves et traînantes, qui semblent suffisantes par elles-mêmes, pour justifier l'existence des dilatations ; mais dans certains cas, il existe entre la cause et l'effet une disproportion qui surprend. Pourquoi certaines broncho-pneumonies banales et d'une gravité moyenne, au lieu de se résoudre, s'éternisent-elles et laissent-elles sournoisement se constituer une dilatation des bronches ? Il est à cela une cause qui ne saurait plus guère être contestée maintenant : c'est la syphilis. L'importance de l'hérédo syphilis, dans la pathogénie des ectasies bronchiques est telle qu'elle doit être étudiée à part.

Parmi les dilatations bronchiques du jeune âge, les unes sont ampullaires comme celles du nouveau-né et de l'adulte : ce sont les plus exceptionnelles. Les autres sont celles que V. Hutinel et Vogt appellent *de petites dilatations bronchiques*. Ce sont des ectasies cylindriques, en jeu d'orgue, parfois très accentuées et noyées dans un tissu scléreux, mais souvent assez peu marquées pour échapper à un examen superficiel.

C'est que la lésion bronchique n'est pas la cause unique du syndrome cavitaire qui la caractérise cliniquement. Il faut tenir compte en plus de la condensation et de la fluxion subies par le parenchyme pulmonaire, surtout au moment d'une poussée aiguë, car elles modifient, amplifient les bruits et leur donnent un timbre vraiment cavitaire.

En dehors des épisodes aigus, il n'existe aucun parallélisme entre les symptômes généraux et les symptômes locaux. L'état du malade est souvent satisfaisant, alors que l'examen du poumon fait penser à de graves lésions pulmonaires. Il arrive brusquement d'autre part que l'apparition et la disparition des manifestations menaçantes soient trop rapides pour être attribuées à une fonte tuberculeuse du poumon.

Les dilatations bronchiques des enfants se présentent sous des formes multiples qui empruntent leurs caractères distinctifs, soit à leur mode de début, soit à leur évolution, soit à leur gravité.

A. Formes légères curables. — Dans cette forme, c'est à peine si l'on a le droit de prononcer le nom de dilatation des bronches et la syphilis est rarement en cause. Cependant les accidents, bien qu'ils se présentent avec des caractères frustes et atténués sont l'ébauche de ceux qui se retrouvent dans les formes les plus sévères.

Chez des enfants d'un à trois ans, atteints au cours de coqueluches, de rougeoles, de grippes, etc., de bronchopneumonies sévères et traînantes, on note pendant longtemps, en un point des poumons, ordinairement à la base, la persistance d'une matité plus ou moins nette, d'un affaiblissement ou au contraire d'une rudesse du murmure vésiculaire et surtout des râles humides, groupés en foyer, mais déplacés et modifiés par la toux. Quand la fièvre est tombée, la toux finit par cesser, l'oppression disparaît, l'enfant reprend un aspect satisfaisant et on le croit guéri.

Mais, si quelque temps après, il survient un coryza ou un léger catarrhe, bientôt les bronches sont atteintes. La température s'élève, parfois un point de côté abdominal attire l'attention et l'on ne tarde guère à retrouver, au niveau de l'ancien foyer, une zone mate, une respiration soufflante et des râles à timbre caverneux. Il s'agit, semble-t-il, d'une rechute de bronchopneumonie ; en réalité l'infection reste souvent au stade congestif, si on intervient à temps, mais les râles ne disparaissent qu'après des semaines. Pendant plusieurs années, à chaque rhume les mêmes accidents reparaissent toujours au même point ; puis l'enfant grandissant, les rechutes deviennent moins inquiétantes et finissent par disparaître.

Dans l'intervalle de ces épisodes aigus, les enfants ne crachent pas, ce qui n'a rien de surprenant, et les bronches sont sèches. Ne peut-on pas admettre que dans ces cas, le développement progressif du parenchyme pulmonaire a fait disparaître à la longue une petite dilatation des bronches. Le pronostic est peu inquiétant, mais les enfants doivent être surveillés de près, en vue de rechutes toujours possibles ou d'une infection tuberculeuse secondaire.

B. Dilatations bronchiques aiguës. — Dans ces cas, qui ne se rencontrent guère qu'au cours de la coqueluche, les bronches élargies secrètent en abondance un muco-pus épais qui, en un jour, peut remplir plusieurs crachoirs. Le parenchyme pulmonaire est toujours fluxionné ; la sonorité du thorax est plus ou moins modifiée ; on perçoit du souffle, des gargouillements et des râles irrégulièrement répartis, la température est oscillante et généralement élevée, le pouls fréquent, mais la dyspnée est rarement pénible. On pense naturellement à une fonte tuberculeuse et on croit le poumon « raviné du haut en bas » ; cependant les crachats ne contiennent pas de bacilles ; les symptômes locaux et généraux se sont développés plus vite que n'auraient évolué des lésions bacillaires et les malades convenablement traités finissent par guérir, du moins en apparence. Malheureusement, au premier rhume, les bronches, qui restent dilatées, s'infectent, les poumons se congestionnent, la fièvre se rallume, l'expectoration et les signes cavitaires reparaissent. Ces rechutes ne sont que des épisodes aigus survenant au cours d'un état qui tend à devenir chronique et qui ne disparaîtra que si l'enfant est très jeune.

C. Formes latentes avec épisodes aigus. — Cette forme est la plus caractéristique, mais chaque cas présente quelques particularités qui le distingue des autres. Le début est ordinairement peu net : c'est celui d'un rhume vulgaire ; pourtant il y a toujours dans les antécédents quelqu'épisode pulmonaire ou pleural. Les enfants toussent peu, ne crachent pas toujours ; leur respiration est un peu courte, le thorax plus ou moins déformé, les bruits respiratoires généralement modifiés comme s'il s'agissait d'une adénopathie. Cette affection, difficile à soupçonner, ne se démasque vraiment qu'au moment d'une crise aiguë, qui fournit l'occasion d'examiner l'enfant.

Cette crise est provoquée par une infection banale ou spécifique, simple rhume, grippe ou rougeole. Alors, avec des symptômes généraux plus ou moins graves, fièvre, toux, dyspnée, tachycardie, douleurs thoraciques ou abdominales, apparaît une expectoration abondante, toujours exceptionnelle au dessous de dix ans, en dehors de la coqueluche ou des vomiques. Les crachats sont purulents, nummulaires, ils ont parfois une odeur fade, mais sont rarement putrides. L'examen du thorax révèle une déformation plus ou moins accentuée, de la matité en un point, du souffle, des râles humides à timbre cavitaire, avec des râles de bronchite disséminés dans le reste des poumons. La lésion est-elle unilatérale et retirée à la base, on songe volontiers à la dilatation des bronches. Si elle est cantonnée au sommet, l'idée d'une caverne tuberculeuse ne peut être éloignée que si l'on considère la rapidité de l'évolution des accidents, la persistance d'un état général satisfaisant et l'absence totale des bacilles de Koch dans les crachats. L'amélioration des symptômes locaux et généraux confirme ce diagnostic, mais il ne sera définitivement établi que par de bonnes radiographies après injection de lipiodol. La guérison, quand elle se produit, n'est qu'apparente. Ce n'est qu'un répit plus ou moins long qu'interrompent de loin en loin des épisodes aigus.

D. Formes chroniques. — Dans les formes précédentes la dilatation des bronches ne se révélant que par des épisodes aigus survenant à l'occasion d'infections accidentelles, reste presque toujours méconnue dans les périodes intercalaires. Il vient cependant un moment où, après une poussée aiguë, la résolution reste incomplète ; on peut encore parler d'amélioration, mais non de guérison. Le tableau clinique se rapproche alors de celui des ectasies bronchiques de l'adulte, le mal, bien qu'atténué, restant évident dans l'intervalle des poussées.

Les enfants semblent alors atteints d'un catarrhe chronique : expectoration plus ou moins abondante, absolument exempte de bacilles ; toux habituelle, mais peu gênante ; râles à grosses bulles et quelquefois souffle cavitaire, en un point où la sonorité du thorax est plus ou moins modifiée, et la surface déprimée. On constate manifestement l'existence d'une *symphyse pleurale* et d'une *sclérose pulmonaire*. L'enfant finit généralement par succomber, soit à une cachexie progressive, soit à une crise aiguë ; mais, jusqu'à la fin des erreurs de diagnostic sont souvent commises.

Caractères généraux des dilatations bronchiques dans l'enfance

Malgré les différences qui les séparent, les dilatations bronchiques des enfants et des adultes, quelles que soient leurs formes et leurs origines, présentent un certain nombre de caractères communs qui, s'ils ne permettent pas de suite un diagnostic, conduisent souvent à les soupçonner. Elles constituent, en somme, un syndrome dans lequel s'associent des symptômes locaux, des symptômes généraux et des manifestations à distance.

Les moins importants et les moins caractéristiques sont les *symptômes généraux*. Les plus nettement dessinés sont d'ordres infectieux et appartiennent surtout aux épisodes aigus ou subaigus. La fièvre, par exemple, si elle conduit généralement à examiner le poumon, ne renseigne guère sur la nature de sa lésion. La cyanose et les troubles circulatoires peuvent être réalisés aussi bien par d'autres processus que par l'ectasie bronchique. Cependant, dans les cas chroniques, la cyanose des extrémités, l'hippocratisme digital, la dilatation du cœur droit et de la dyspnée habituelle ne sont pas des signes négligeables. Si l'affection s'accompagne de troubles sérieux au moment des épisodes aigus, l'état général est souvent assez bon dans leur intervalle.

Les SYMPTOMES LOCAUX sont beaucoup plus importants ; malheureusement ils sont souvent trompeurs. La lésion étant le plus souvent localisée à la base du poumon, la rétraction thoracique, la gêne de l'expansion thoracique et des mouvements du diaphragme, une certaine incurvation de la colonne vertébrale, sont sous la dépendance d'une sclérose pleuro-pulmonaire dont les causes sont moins nombreuses chez l'enfant que chez l'adulte. Il ne faut guère compter, dans le jeune âge, sur l'étude des vibrations thoraciques. Les signes fournis par la percussion sont plus intéressants, mais peuvent faire croire à une pleurésie, parfois au moment d'une poussée, il est difficile d'éloigner l'idée d'une suppuration pleurale. Les résultats de l'auscultation sont les plus précieux. Les bruits qu'elle révèle sont ceux d'une excavation, mais ils sont peu localisés et entourés de râles ronflants ou sibilants au milieu desquels se découvre un foyer de râles humides à grosses bulles. L'étude de l'expectoration n'est pas moins intéressante Un enfant de moins de douze ans qui n'a ni coqueluche ni pleurésie suppurée et qui crache en abondance du muco-pus doit être soupçonné de dilatation bronchique si son état général est satisfaisant, car le tuberculeux cavitaire crache beaucoup moins ; mais le soupçon ne pourra se changer en certitude que si les crachats ne renferment pas de bacilles. La présence d'une hémoptysie ne suffirait même pas pour l'éloigner.

L'étude radiologique, surtout à la suite des injections de lipiodol est généralement d'un très grand intérêt.

Parmi les causes des scléroses pleuro-pulmonaires qui tiennent une si grande place dans l'histoire des dilatations bronchiques, l'hérédo-syphilis (V. Hutinel, Milhit, Nadal, Mariano Castex, Ed. Fournier, etc.) est certainement une des plus importantes dans le jeune âge. Il faut donc non pas affirmer la syphilis, mais la rechercher sans parti pris quand on rencontre chez un enfant une forme chronique d'ectasie bronchique. La localisation sur l'arbre respiratoire de la sclérose spécifique a généralement pour causes occasionnelles des infections qui viennent réveiller l'infection latente.

Si le DIAGNOSTIC n'est pas toujours facile entre les ectasies bronchiques et la tuberculose cavitaire, il peut se produire, chez les enfants atteints de dilatations des bronches des tuberculisations secondaires, mais généralement tardives, qui ne se reconnaissent, chez des sujets déjà connus qu'à l'apparition de bacilles dans les crachats.

Les bronchites chroniques que l'on a décrites chez les enfants sont presque toujours accompagnées de dilatations des bronches.

Il est possible, au moment des épisodes aigus, de croire à des broncho-pneumonies, à des pneumonies, à des pleurésies séreuses ou suppurées, à des adénopathies médiastines, etc. L'évolution de la maladie, l'étude des réactions locales ou générales, le siège des symptômes locaux et surtout la radiographie permettent généralement de reconnaître les dilatations.

Reste à préciser la nature syphilitique du processus. Or, si les dilatations aiguës de la coqueluche et les petites dilatations qui succèdent immédiatement aux broncho-pneumonies pour disparaître plus tard sont exceptionnellement imputables à l'hérédo-syphilis, celles par contre dont le début est insidieux ou marqué par une broncho-pneumonie banale, celles qui déforment peu à peu le thorax et ne se révèlent qu'à l'occasion des infections aiguës sont beaucoup plus suspectes. Dans ces cas, il faut rechercher la syphilis par tous les moyens dont nous disposons et même tenter un traitement spécifique qui, il faut bien l'avouer, aura peu de chances de procurer une guérison complète, si la sclérose est déjà avancée.

LES DILATATIONS BRONCHIQUES ET LA TUBERCULOSE

Jusqu'ici nous avons envisagé l'évolution clinique des dilatations des bronches sans tenir compte des affections causales. *Il reste à indiquer les particularités qu'elles présentent lorsqu'elles sont sous la dépendance d'infections spécifiques comme la tuberculose ou la syphilis.*

Ces particularités sont intéressantes, *surtout à la période initiale*, c'est-à-dire au moment où les conduits respiratoires s'altèrent et où les dilatations se constituent. *Elles le sont moins à une période avancée*. alors que les suppurations des bronches et même les lésions scléreuses pulmonaires ou pleurales, sont en grande partie *sous la dépendance d'infections secondaires, banales et toujours tardives.*

Quelle que soit l'infection, originelle, celles-ci finissent par devenir prédominantes, et il arrive un moment où l'on ne voit qu'elles. A leur stade ultime, les dilatations des bronches tuberculeuses, syphilitiques ou banales, moins différentes les unes des autres qu'à leur période initiale, constituent une affection assez nettement individualisée, ayant ses symptômes propres et une évolution prévue. On en avait fait autrefois une maladie alors que nous n'y voyons plus qu'un aboutissement, un syndrome anatomique et clinique.

Les rapports qui existent entre les ectasies bronchiques et *certaines formes de tuberculose* ont une grande importance.

Si, chez les enfants, on a décrit des dilatations causées par des compressions ganglionnaires ou des tuberculoses fibreuses ce sont là des cas exceptionnels. C'est à un âge avancé, chez des adultes ou des vieillards qu'on les rencontre de préférence.

Les bronchectasies ne s'observent, ni dans les formes aiguës, ni dans les formes subaiguës de la phtisie pulmonaire. Elles ne présentent qu'un médiocre intérêt dans les formes chroniques à tendance destructive ; ce sont alorsdes dilatations vestibulaires qui se continuent presque sans transition avec les parois fibreuses de vieilles cavernes. Par contre *elles sont si fréquentes dans la phtisie fibreuse qu'elles en sont vraiment un des éléments caractéristiques.* Ce sont, non seulement des dilatations cylindriques, mais aussi des dilatations ampullaires. Ces dilatations ne portent pas uniquement sur les grosses bronches ; elles semblent même d'autant plus importantes qu'on se rapproche davantage des terminaisons bronchiques.

Le début est lent et insidieux. En général, ce sont d'abord des *tuberculoses disséminées, granuliques,* assez discrètes pour ne pas gêner beaucoup la respiration, assez localisées pour permettre une évolution scléreuse. Ces poussées granuliques qui étaient mal connues avant les progrès de la radiographie étaient étiquetées : congestions pulmonaires, bronchopneumonies ou pneumonies abortives , congestions pleuro-pulmonaires.

C'étaient en tous cas des états susceptibles de s'améliorer et de guérir, bien que leurs relations avec la tuberculose fussent bien établies (HUTINEL, SABOURIN et BRAUN). Mais ces processus congestifs, pulmonaires ou pleuraux avaient une évolution traînante, étaient sujets à des rechutes, à des réveils toujours inquiétants, et c'était par étapes successives que l'on voyait se constituer une sclérose pulmonaire, puis peu à peu survenir du catarrhe bronchique.

Dans ces états, les réactions sont modérées, la fièvre est peu intense et l'expectoration n'apparaît que tardivement. On constate d'abord des adhérences pleurales, des rétractions thoraciques, parfois des râles superficiels et variables, une respiration rude en certains points, affaiblie en d'autres, de la bronchophonie des zones submates et parfois de rares bacilles dans un crachat obtenu par hasard. Ne retrouve-t-on pas là un tableau analogue à celui des épisodes aigus que nous avons signalés dans les ectasies infantiles ?

L'ÉVOLUTION est lente et progressive. Après une amélioration qui s'est faite peu à peu, il subsiste en un point du thorax des indices d'une *sclérose en évolution* et la radiographie montre une zone obscure plus ou moins étendue avec, autour d'elle, de nombreuses mouchetures donnant une apparence neigeuse.

Un jour à l'occasion d'une infection accidentelle une poussée nouvelle se fait : il y a de la fièvre, de la dyspnée, un point de côté, des râles, du souffle et de la bronchophonie, et l'ont craint la formation d'une caverne. *Ces épisodes aigus se succèdent ainsi pendant des années*. On les retrouve dans les antécédents de vieux tousseurs, atteints de catarrhe bronchique et de dyspnée d'effort, dont cependant l'état général est satisfaisant.

Chaque année on assiste à une ou deux poussées aiguës au cours desquelles se produisent souvent les hémoptysies. Les crachats contiennent des bacilles en plus ou moins grande quantité. La mort survient en général par le fait d'une insuffisance cardiaque (BARD) dont les crises d'abord passagères s'aggravent peu à peu.

LES DILATATIONS BRONCHIQUES ET LA SYPHILIS

Le rôle de la syphilis dans la pathogénie de la dilatation des bronches est parfois difficile à préciser. Après l'avoir longtemps méconnue et négligée, on tend aujourd'hui à lui faire la part trop large. En réalité, cette part est importante, mais elle n'est point exclusive.

1° LES DILATATIONS CONGÉNITALES sont, avons-nous dit, des dysplasies. Parmi les causes des dysplasies, l'hérédo-syphilis tient une grande place, la plus grande peut-être, mais pas la seule et si l'on doit toujours la rechercher, on ne la découvre pas constamment. A côté d'elle, il en est d'autres qui peuvent presque également être incriminées.

Mais si, dans certaines ectasies congénitales, on découvre sur la péribronche des lésions irritatives, alors l'infection qui les a provoquées est généralement la syphilis. Ce sont les antécédents, l'aspect des lésions, ou la découverte des tréponèmes qui permettent de la soupçonner ou de l'affirmer (de Kervily, Couvelaire).

2° Ectasies bronchiques des enfants. — Les bronchectasies de l'enfant ne sont pas toujours imputables à l'hérédo-syphilis. Il en est où rien ne permet d'affirmer cette origine. Ce sont par exemple les dilatations aiguës, consécutives à des broncho-pneumonies traînantes de coqueluche ou de rougeole, dans lesquelles on ne voit guère apparaître de sclérose et qui souvent finissent par guérir.

Beaucoup plus suspectes sont celles dont le début est insidieux ou latent, qui semblent disproportionnées à l'inflammation broncho-pulmonaire originelle, *qui sont suivies d'une organisation scléreuse pulmonaire, pleurale ou médiastine et dont l'évolution est lentement progressive.* Si elles ne sont pas soumises à un traitement actif, d'ailleurs souvent impuissant, celles-ci s'aggravent peu à peu au lieu de rétrocéder. La preuve de leur nature spécifique n'est pas toujours facile à établir et il est des cas où elles peuvent avoir une autre origine.

On sait d'ailleurs que le traitement le plus judicieux n'a pas toujours raison des lésions scléreuses déjà constituées et que les réactions de laboratoire sont souvent négatives chez le grand enfant bien que la syphilis semble extrêmement probable.

3° Bronchectasies de l'adulte et du vieillard. — Le rôle de la syphilis dans la pathogénie des ectasies bronchiques de l'adulte et du vieillard a été surtout affirmé par l'école lyonnaise : TRIPIER, BÉRIEL et leurs élèves. Plus récemment LETULLE, SERGENT, AZOULAY sont revenus sur cette importante question.

Les arguments apportés en faveur de l'origine syphilitique des ectasies sont de trois ordres. C'est d'abord leur co-existence avec des symptômes de Tabès, d'aortite, d'hépatite scléro-gommeuse (CADE et JAMBON, GARIN et LAURENT, ABÉCASSIS et MASSIA). Ce sont ensuite les lésions constatées aux autopsies : artérite, mutilation du tissu élastique, présence de nodules gommeux (LETULLE, SERGENT et DURAND). C'est enfin pour ELISALDE, la constatation de spirochètes. Les travaux de cet auteur ne peuvent cependant entraîner la conviction. S'agit-il réellement de tréponèmes ? Nous nous rallions à la conception de notre maître de Jong. Il s'agit probablement de simples spirochètes comme ceux que BESANÇON et ETCHEGOIN ont trouvé dans les crachats hémoptoïques ou les lésions congestives banales ou spécifiques. On sait en effet que dans les lésions de l'adulte, il est pour ainsi dire impossible de mettre en évidence des tréponèmes après imprégnation argentine (LEVADITI).

PNEUMOTHORAX ARTIFICIEL

Les indications du Pneumothorax sont bien précises : elles sont tirées de l'unilatéralité des lésions de l'abondance d'une expectoration purulente et fétide dont le rejet continuel devient ce que Rist a heureusement appelé « la servitude du crachoir » parfois d'hémoptysies alarmantes par leur abondance où leur répétition. De ces indications précises, nous pouvons tirer la conclusion que cette méthode ne peut s'appliquer qu'aux formes ampullaires localisées, celles dans lesquelles le malade selon Mirande est un dilaté, ou mieux un cavitaire. On ne peut, en effet, y songer dans les formes bilatérales ou la dilatation des bronches n'est qu'un élément d'une sclérose pulmonaire diffuse. Bronchite chronique avec grosse expectoration, bilatéralisation des lésions font qu'un traitement local ne peut être envisagé.

Dans les formes localisées le pneumothorax peut donner de bons résultats. Dernièrement M. Rist présentait à nouveau un malade suivi par lui depuis longtemps : chez un enfant dont l'expectoration durait depuis plus de deux ans la guérison fut définitive. Elle s'est toujours maintenue.

Mais malheureusement, les résultats ne sont pas toujours aussi heureux. Les échecs tiennent pour une grande part à la constitution d'une sclérose importante.

Sclérose péribronchique tout d'abord, qui succédant à la péribronchite causale est déjà à un stade avancé lorsqu'apparaissent les premiers accidents. Nous avons insisté plus haut sur ce fait que bien souvent ces accidents étaient seulement révélateurs et témoignaient de l'infection secondaire des bronches déjà dilatées et scléreuses. Si précoce soit l'insufflation de la plèvre après un incident aigu, le poumon est déjà scléreux, dense, avec des bronches qui se laisseront difficilement comprimer. A ce stade, l'intervention est déjà trop tardive.

La symphyse pleurale est une autre cause d'échec. Elle est si fréquente que Barth la considérait comme l'origine même des bronchectasies. M. Rist dans un article récent a pu montrer combien elle était précoce : « il arrive même que la symphyse pleurale indissociable se développe à une époque relativement précoce, peu de temps après l'affection aiguë qui a déterminé la bronchectasie. Problablement la pleurite adhésive est-elle en pareil cas contemporaine de l'infection initiale ».

On peut donc se trouver, soit en présence d'un poumon incompressible, soit d'une plèvre que l'on ne peut décoller.

Chez l'enfant, la question se présente sous un aspect différent. Sauf chez les hérédo-syphilitiques, la sclérose est peu importante. D'autre part, l'affection évolue avec des épisodes aigus que séparent des périodes de calme presque absolu. Enfin, spontanément, sous l'influence de l'accroissement des organes, la relative dilatation bronchique finit par disparaître. Il ne faut donc pas se hâter de pratiquer un pneumothorax. Il ne serait indiqué que dans les formes voisines de celles de l'adulte et que, à juste titre, Delacour, Dieulafoy considéraient comme rares en pathologie infantile.

Nous écrivions dans notre thèse :

« Le Pneumothorax est donc, à l'heure actuelle, une des seules thérapeutiques susceptibles de faire rétrocéder l'expectoration purulente des ectasies bronchiques. Ses indications restent cependant très limitées du fait de la symphyse pleurale, ou de la sclérose péribronchique ; et quand ses indications se posent, il ne faut pas perdre de vue que, surtout chez l'enfant, les accidents peuvent s'améliorer spontanément » (1).

---

(1) Travail du service du Professeur Bezançon et en collaboration avec de Jong.

2° FOIE

1. — **Hépatite amibienne chronique** (en collaboration avec G. Paisseau), *Soc. Méd. Hôp.*, 8 novembre 1918 et *Annales de Médecine*, 1919, tome I.

2. — **Insuffisance hépatique et acidose au cours de la grossesse** (en collaboration avec le Prof. Marcel Labbé et F. Nepveux), *Soc. Méd. Hôp.*, 15 avril 1921 et *Paris Médical*, 28 mai 1921.

3. — **Recherches comparatives sur le fonctionnement du foie à la suite des anesthésies chirurgicales** (en collaboration avec le Prof. Widal et Abrami), *Bulletin de l'Académie des Sciences*, 9 mai 1921.

4. — **Recherches sur l'Insuffisance protéopexique du foie dans l'hépatite dysentérique** (en collaboration avec le Prof. Widal et Abrami) *Bulletin de l'Académie des Sciences*, 6 février 1922.

5. — **Les hépatites amibiennes autochtones et coloniales** (en collaboration avec F. Françon). Monographie de 130 pages, Gauthier-Villars, 1923 (prix Gingeot, 1922).

6. — **Les données nouvelles sur l'amibiase hépatique** (*Bruxelles-Médical*, n° 31, 29 mai 1924 (en collaboration avec F. Françon).

7. — **Technique, posologie, incidents et accidents du traitement de l'amibiase hépatique par l'émétine et le novarsénobenzol** (en collaboration avec F. Françon), *L'Hôpital*, 1924, n° 115.

HÉPATITE AMIBIENNE CHRONIQUE

Les complications hépatiques de la dysenterie amibienne se présentent habituellement sous deux formes classiques : l'hépatite aiguë, évoluant plus ou moins rapidement vers la suppuration, accompagnée de signes généraux d'infection grave et l'abcès du foie dont la symptomatologie peut être plus ou moins nette. La suppuration est unanimement considérée comme la terminaison à peu près inévitable de l'infection amibienne du foie abandonnée à son évolution naturelle.

Nous avons eu cependant l'occasion d'observer un assez grand nombre de dysentériques qui présentaient les signes d'une hépatite évoluant par poussées successives et sans tendance à la suppuration, même lorsque les accidents dataient de plusieurs années et malgré qu'ils n'eussent jamais été traités par l'émétine.

Cette variété d'hépatite présente d'autres particularités cliniques : tout d'abord, elle se distingue par la très grande prédominance des signes de périhépatite sur les symptômes hépatiques proprement dits : l'augmentation du volume du foie est le plus souvent peu importante, tandis que l'on trouve au complet les signes classiques de la périhépatite sous-diaphragmatique : réactions pleuro-pulmonaires droites et phénomènes d'irradiation phrénique dont la douleur de l'épaule est la manifestation la plus nette. A ces signes classiques nous croyons qu'il convient d'ajouter les renseignements fournis par l'exploration du nerf phrénique. Nous les avons retrouvés avec une fréquence et une netteté suffisantes pour leur attribuer une grande valeur diagnostique. L'atténuation ou même l'absence des signes d'infection générale ne sont pas moins remarquables : les poussées fébriles sont peu fréquentes, généralement modérées, la température peut même rester au voisinage de la normale pendant tout le cours d'une poussée évolutive.

L'action de l'émétine est aussi nette que sur les manifestations habituelles de l'amibiase, elle aide à affirmer le diagnostic lorsque les signes de certitude font défaut.

Il convient donc d'attirer l'attention sur ce fait qu'un certain nombre d'hépatites amibiennes, à localisation sous-diaphragmatique, sont susceptibles d'évoluer naturellement vers la chronicité ou même vers la guérison spontanée ; elles ne paraissent présenter que peu de tendances à la suppuration. Cette forme d'hépatite ne semble pas exceptionnelle, nous avons eu l'occasion, aux Dardanelles, à l'armée d'Orient, au Maroc, d'en observer des exemples à tous les stades, depuis celui du début jusqu'aux cas chroniques remontant à plusieurs années.

Les symptômes du *début* de l'hépatite sont brusques, mais relativement peu bruyants : c'est un fort malaise accompagné d'un point de côté que les malades localisent dans le flanc droit ou à la base du thorax. Ils se plaignent en même temps de l'épaule et accusent une gêne respiratoire qui semble liée davantage aux phénomènes douloureux qu'aux symptômes de bronchite dont on peut constater dès ce moment l'existence ; parfois il survient des vomissements, mais ils manquent très souvent.

Dans un très petit nombre de cas seulement, l'élévation thermique a été assez forte pour que les malades en aient gardé le souvenir ; il paraît donc vraisemblable que cette observation répond au type commun : la température a atteint seulement 37°6 la veille de la complication, elle est restée en plateau entre 37°5 et 37°6 pendant 48 heures, pour retomber à la normale 24 heures après la première injection d'émétine. Ces accidents ont donc parfois un début à peine subfébrile.

Les relations de la complication hépatique avec les symptômes dysentériques sont des plus variables ; généralement, il s'agit de dysentériques anciens et non traités, d'autres fois la dysenterie semble cliniquement postérieure à sa complication. Comme tous les auteurs, nous avons vu ces accidents survenir chez des malades dans les antécédents desquels l'interrogatoire ne permettait de retrouver que des troubles digestifs d'une grande banalité ; il ne paraît pas douteux que l'étape intestinale de la dysenterie puisse rester silencieuse et nous pensons comme Mauté que les formes légères et frustes de la dysenterie aboutissent avec une particulière fréquence aux complications hépatiques.

Trois signes cardinaux marquent la *période d'état* : ce sont les manifestations hépatiques proprement dites, les signes de réaction pleuro-pulmonaire au niveau de la base droite et les symptômes d'irradiation phrénique que traduit surtout la douleur de l'épaule.

Le plus constant des *phénomènes hépatiques* est le point de côté : tantôt il s'agit d'une douleur aiguë lancinante, tantôt seulement d'une sensation de plénitude et de pesanteur dans le flanc droit. Par contre, l'augmentation du volume du foie est le plus souvent discrète : c'est tout au plus s'il déborde les fausses côtes d'un ou rarement deux travers de doigt ; la ligne de matité supérieure n'est généralement pas modifiée en avant, elle s'élève parfois légèrement sur la ligne axillaire, on constate seulement une élévation nette de la ligne de matité, en arrière, au niveau de la base droite, mais l'interprétation devient délicate en raison de l'existence des signes pulmonaires.

La réaction du foie à la douleur provoquée est variable, parfois vive, parfois réduite à une sensibilité assez obtuse. Cette sensibilité est généralement prédominante, et même localisée uniquement à la partie droite de la région épigastrique, entre la ligne médiane et les fausses côtes.

Les signes de *réaction pleuro-pulmonaire* au niveau de la base droite sont constants et n'ont fait défaut chez aucun de nos malades. Le plus souvent on trouve à l'auscultation une obscurité respiratoire nette au-dessus de laquelle s'entendent des râles sibilants plus ou moins abondants, assez souvent quelques râles fins en foyer et parfois des frottements pleuraux. En même temps il existe une submatité qui se confond insensiblement avec la matité hépatique et une diminution plus ou moins nette des vibrations vocales ; parfois au contraire elles sont exagérées.

La *douleur de l'épaule* droite prend une importance de premier ordre tant par sa fréquence que par son intensité. Elle est bien connue dans les abcès du foie, mais relativement rare ; Louis ne l'y signale que dans 17 % des cas et Manson une fois sur six. Or, sur quatorze observations, elle n'a fait défaut qu'une fois ; elle manquait encore chez un second malade, mais il en avait nettement gardé le souvenir lors de sa première atteinte hépatique.

L'intensité de cette douleur n'est pas moins remarquable : la plupart des malades l'accusent spontanément ; elle était, chez un sujet, assez violente pour provoquer des insomnies. Chez un autre, elle persista plusieurs mois au point de déterminer une impotence fonctionnelle avec attitude vicieuse de l'épaule. Toutefois elle n'est généralement influencée ni par l'exploration ni par les mouvements du membre et consiste en élancements et tiraillements spontanés.

D'autres symptômes d'*irritation du nerf phrénique* ont encore été signalés et on peut considérer comme de même ordre la douleur thoracique et la respiration superficielle et parfois même dyspnéique que nous avons fréquemment rencontrées ; il en est ainsi de la toux sèche et quinteuse que Bertrand et Fontan attribuent à juste raison à un réflexe phrénique, car nous l'avons vue réveillée par une pression sur le trajet de ce nerf.

Il n'est pas fait mention dans les auteurs classiques des renseignements que peut fournir l'exploration du trajet du nerf phrénique. Les points phréniques nous ont paru faire souvent défaut dans les abcès collectés mais ils ont au contraire très rarement manqué chez les malades atteints d'hépatite subaiguë.

Recherchés comme il convient, le point xiphoïdien et le point inter-sternomastoïdien, très accusés ou discrets selon les cas, peuvent être mis en évidence avec la plus grande netteté. Nous les avons rencontrés, même chez un malade où manquait la douleur de l'épaule. Les autres points phréniques font généralement défaut et nous n'avons constaté de douleur provoquée dans les espaces intercostaux parasternaux au niveau des insertions antérieures du diaphragme que très rarement.

Les autres troubles fonctionnels portent principalement sur le tube digestif, les poussées dysentériques ne paraissent pas toujours en relation avec les poussées hépatiques, mais il existe habituellement de la diarrhée simple et l'anorexie est très accentuée.

L'ictère fait le plus souvent défaut et le subictère n'est même pas constant, on observe fréquemment de fortes décharges d'urobiline dans les urines, mais elle manque parfois ; quant aux pigments biliaires normaux ils font à peu près constamment défaut si bien que certains malades surtout anémiés et amaigris ont un aspect qui rappelle à s'y méprendre celui du paludéen chronique.

L'atténuation des *phénomènes infectieux* est une des

particularités les plus notables de l'hépatite chronique : son début peut être presque apyrétique et il semble qu'elle puisse évoluer des mois sans provoquer d'élévation thermique importante. En général, il se produit de temps à autre des élévations fébriles qui souvent ne dépassent guère 38° et nous avons vu des poussées hépatiques évoluer sans température.

Si atténués que soient les symptômes hépatiques que nous venons de décrire, ils peuvent se réduire dans certains cas où ils sont d'autant plus facilement méconnus que des signes accessoires passent parfois au premier plan et les masquent encore davantage. Ce sont les symptômes pulmonaires que nous avons vu prédominer ainsi. Il semble d'autant plus légitime de distinguer une forme respiratoire de l'hépatite chronique que trois malades chez qui nous l'avons observée ont été traités pendant plusieurs mois et hospitalisés avec le diagnostic de bronchite chronique pour deux d'entre eux et d'emphysème pour le troisième.

Dans la *forme respiratoire*, on trouve non seulement, avec une intensité plus grande, les signes pleuro-pulmonaires habituels à la base droite, mais encore des phénomènes de bronchite, sibilance et râles humides, généralisés dans les deux poumons, si bien qu'ils peuvent être aussi accentués du côté gauche que du côté droit. Il n'est même pas rare de trouver une certaine rudesse respiratoire d'un sommet qui peut à première vue faire penser à la tuberculose.

Cette forme s'individualise d'autant mieux que les signes hépatiques s'y atténuent à l'extrême : l'hypertrophie du foie peut être nulle, il ne déborde pas les fausses côtes, on retrouve à peine une légère sensibilité dans sa portion épigastrique ; si bien que, en l'absence de tout signe physique et fonctionnel hépatique, il faudra se contenter des signes phréniques : douleur de l'épaule droite et points phréniques pour soupçonner, chez un ancien dysentérique présentant des troubles respiratoires, une atteinte amibienne du foie.

C'est surtout l'*évolution* de l'hépatite chronique qui lui fait une place à part entre les diverses modalités de l'hépatite dysentérique ; on décrit à cette dernière de très nombreuses formes cliniques : aiguës, subaiguës, chroniques, formes frustes, larvées, latentes ; leur caractère commun et comme nécessaire est la tendance naturelle à la suppuration qui peut parfois survenir inopinément, mais est toujours l'aboutissement normal, la terminaison par résolution étant considérée comme tout à fait exceptionnelle.

C'est ainsi que l'hépatite chronique, telle que l'entendent les auteurs classiques peut évoluer d'une façon torpide et durer plusieurs mois, mais aboutir à des phénomènes de suppuration, l'abcès, malgré son évolution latente, pouvant atteindre un très gros volume et se révéler par des accidents brusques.

Il nous paraît, pour cette raison, intéressant d'insister sur cette notion que, dans certain cas, l'hépatite dysentérique peut évoluer normalement vers la chronicité sans aboutir à la suppuration.

Toutefois, l'absence de suppuration n'implique pas nécessairement un *pronostic* sans gravité ; si certains malades semblent tolérer leur hépatite pendant plusieurs années, la gêne fonctionnelle n'est tout d'abord pas négligeable, mais surtout l'état général semble péricliter à la longue, les forces déclinent, l'amaigrissement et l'anémie progressent. En outre, chez certains, on voit, malgré l'absence de tout symptôme de suppuration, l'évolution se faire assez rapidement vers un état de cachexie avec une insuffisance hépatique.

Il semble cependant que la guérison spontanée soit possible, surtout chez les rapatriés. C'est ainsi que, chez le malade observé à la 9e année de son hépatite, les rechutes avaient toutes été conditionnées par autant de retours aux colonies.

On doit se demander en quoi consistent les *lésions anatomo-pathologiques* de cette hépatite chronique. Les symptômes sont ceux d'une péribépatite sous-diaphragmatique : cette localisation est d'ailleurs le siège d'élection des abcès du foie qui sont généralement localisés au voisinage du ligament suspenseur, l'abcès central étant sensiblement moins fréquent. Nous avons eu l'occasion de pratiquer l'autopsie d'un malade atteint d'une hépatite datant de six mois, mais très amélioré par deux séries de traitement par l'émétine, il avait succombé à une affection intercurrente. La seule lésion rencontrée fut une péritonite adhésive intéressant le pourtour du ligament falciforme, une partie de la face convexe et du bord postérieur du foie. La glande elle même était macroscopiquement intacte.

Cette hépatite est éminemment justiciable du traitement par l'émétine, dont les effets sont tels qu'ils compiètent la démonstration de son origine amibienne ; ils ne le cèdent en rien aux résultats obtenus dans les hépatites aiguës. En moins de 48 heures le soulagement est considérable, la disparition des douleurs spontanées à peu près complète, en même temps que les signes d'auscultation s'effacent rapidement : les douleurs provoquées s'atténuent plus lentement, de même que la sensibilité hépatique ; les troubles digestifs disparaissent progressivement et l'état général s'améliore. Lorsqu'il existe de la température, elle revient à la normale dès les premières injections.

On doit toutefois signaler que, surtout dans les cas anciens, l'amélioration obtenue peut n'être pas absolument complète, les malades gardent souvent une sensation de gêne dans la région hépatique et l'état général reste pendant quelque temps encore assez précaire. La nécessité s'impose donc, tant pour compléter la guérison que pour éviter les rechutes toujours à craindre dans les affections amibiennes, de traitements successifs, nous considérons même le rapatriement de beaucoup de ces malades comme une mesure complémentaire souvent indispensable.

Au même titre que les autres localisations amibiennes, en raison de sa ténacité et de la tendance aux rechutes d'hépatite, cette affection est justiciable de traitements par l'émétine successifs, répétés (1).

---

(1) En collaboration avec le Dr G. Paisseau. *Soc. Méd. des Hôp.*, 8 nov. 1918 et *Annales de Médecine*, 1919, t. I. Travail de l'Hôpital de Meknès.

RECHERCHES SUR L'INSUFFISANCE PROTÉOPEXIQUE DU FOIE DANS L'HÉPATITE DYSENTÉRIQUE

Il est une affection dans laquelle, la recherche de l'insuffisance protéopexique du foie présentait *a priori* un intérêt tout spécial : c'est l'amibiase hépatique. Alors même, en effet, que le parasite a déterminé les lésions massives de l'hépatite et provoqué un gros abcès, l'anatomie pathologique a montré depuis longtemps qu'il reste dans le foie des régions indemnes, où l'amibe n'a pas pénétré et qui conservent leur structure normale.

On pouvait donc supposer que la présence de ce tissu normal suffirait à contrebalancer l'action destructive des foyers d'hépatite, et à assurer, au moins dans une certaine mesure, la persistance de la fonction protéopexique. Or c'est bien là ce qui se produit en réalité.

Il était indiqué, tout d'abord, de rechercher l'influence que la dysenterie amibienne peut elle-même exercer, et en dehors de toute localisation apparente dans le foie, sur la fonction protéopexique.

A cet égard les résultats ont été constamment négatifs :

chez *quatre* sujets, atteints d'entérite amibienne, de date plus ou moins ancienne, et chez lesquels aucun symptôme d'hépatite n'avait jamais été constaté, l'épreuve de l'hémoclasie digestive, effectuée à différentes reprises, a donné les mêmes résultats que chez des sujets normaux.

L'absorption de 200 grammes de lait n'a provoqué aucune crise hémoclasique.

Nous avons alors effectué la même recherche sur des sujets atteints d'amibiase non seulement intestinale mais hépatique. L'un d'eux, porteur depuis plusieurs mois d'une colorectite dysentérique avec amibes nombreuses dans les selles, *présente en outre tous les symptômes d'une hépatite non encore suppurée* : le foie est gros, douloureux spontanément et à la pression, mais la fièvre est absente.

Les urines renferment des traces d'urobiline, mais pas de sels biliaires. *L'épreuve de l'hémoclasie digestive est absolument négative* ; l'ingestion du lait provoque au contraire une hyperleucocytose nette, élevant le taux des globules blancs de 15.400 à 18.000.

Trois autres malades sont porteurs d'*abcès du foie en évolution*.

Chez l'un d'eux, l'opération a permis d'évacuer 250 grammes de pus du lobe gauche ; le foie dépassait de trois à quatre travers de doigt les fausses côtes. Ces urines renfermaient de l'urobiline, sans sels biliaires. L'épreuve de l'hémoclasie digestive effectuée le matin même de l'intervention, a montré *l'intégrité de la fonction protéopexique du foie*.

Chez un second malade, *l'abcès forme une tuméfaction*

volumineuse sur la face antérieure du lobe droit ; les urines ne renferment que de l'urobiline. *L'épreuve de l'hémoclasie digestive est négative* : après absorption des 200 grammes de lait, on note au contraire de l'hyperleucocytose, de 18.000 à 21.000.

Enfin chez un troisième malade, atteint lui aussi d'hépatite suppurée, le résultat est le même : la fonction protéopexique du foie est indemne.

Ainsi donc, non seulement l'hépatite amibienne non encore suppurée n'altère pas la fonction protéopexique du foie mais celle-ci se montre normale, même lorsqu'une partie importante du parenchyme hépatique a été détruite par la suppuration. *Sur quatre malades atteints de complication hépatique amibienne, quatre fois l'épreuve de l'hémoclasie digestive a fourni des résultats absolument normaux.*

Ces faits tendent à établir, que, dans les altérations du foie dysentérique, on ne saurait mesurer le degré de l'adultération fonctionnelle à la gravité apparente des lésions ; quelle que soit leur étendue, ces lésions restent en réalité locales. L'amibe dysentérique n'agit pas par des toxines qui diffusent au loin ; elle exerce une action de nécrose qui se produit uniquement à son contact ; au-delà des foyers d'hépatite, même suppurée, des régions subsistent dont les cellules ont conservé leur pouvoir protéopexique. Elles suffisent à assurer la persistance de cette fonction importante du foie ; et c'est pourquoi la crise d'hémoclasie digestive fait défaut dans ces conditions.

Un certain nombre de faits que nous avons observés

chez ces sujets atteints de dysenterie amibienne sont en outre de nature à faire penser que non seulement, au cours de cette maladie, le foie conserve l'intégrité de sa fonction protéopexique, mais qu'il est même, fréquemment, plus résistant qu'un foie normal aux causes qui, d'habitude, altèrent très rapidement cette fonction. Il en est ainsi de l'action des arsénobenzènes.

Or, il est remarquable de constater que chez les sujets atteints de dysenterie amibienne que nous avons examinés, le foie supporte, au contraire, le plus souvent des doses parfois considérables de novarsénobenzol sans qu'apparaisse la moindre insuffisance protéopexique.

Ainsi, parmi nos quatre sujets atteints d'amibiase intestinale, deux ont été soumis à une cure novarsénicale, par injections intraveineuses. L'un a reçu 1 gr. 55 de 914 en quatre fois, à 8 jours d'intervalle ; le second 1 gr. 30, en trois fois. Or, chez l'un et l'autre, l'épreuve de l'hémoclasie digestive, recherchée à maintes reprises, pendant toute la durée du traitement et après sa cessation n'a décelé aucune altération hépatique. Cependant, le produit dont on se servait pour les injections (E. 2384) déterminait dans le même temps une insuffisance protéopexique manifeste chez quatre témoins, à la simple dose de 0.30.

Ce n'est, semble-t-il, que lorsque l'on atteint, dans le traitement, une dose relativement élevée de 914, que l'insuffisance protéopexique fait son apparition.

Ainsi, chez un de nos malades atteint d'abcès du foie et opéré le 20 novembre 1920, l'hémoclasie digestive était absente le 8 janvier, alors qu'il venait de recevoir 1 gr. 65 de novarsénobenzol ; 3 semaines plus tard, la dose totale étant montée à 2 gr. 55, l'hémoclasie digestive devint possible.

Dans l'amibiase hépatique, les lésions nécrotiques, quelle que soit leur étendue, restent toujours des lésions locales, et il reste toujours dans le foie un nombre suffisant de cellules normales pour assurer, pour une quantité déterminée d'aliments azotés, la persistance de la fonction protéopexique.

Tout semble même se passer, nous l'avons vu, comme si, par une sorte de vicariance, ces cellules restées intactes, acquéraient une résistance plus grande qu'à l'état normal (1).

---

(1) En collaboration avec MM. Widal et Abrami. Académie des Sciences, 6 février 1922.

RECHERCHES COMPARATIVES SUR LE FONCTIONNEMENT DU FOIE A LA SUITE DE L'ANESTHÉSIE CHIRURGICALE PAR LE CHLOROFORME, L'ÉTHER, LE PROTOXYDE D'AZOTE OU LA NOVOCAÏNE

L'extrême sensibilité de l'épreuve de l'hémoclasie digestive nous a engagés à reprendre, à l'aide de ce nouveau procédé d'exploration, l'étude du retentissement que peuvent avoir sur le fonctionnement du foie les différents anesthésiques couramment employés en chirurgie. Depuis longtemps, les cliniciens ont insisté sur la fréquence des altérations hépatiques provoquées par certains de ces anesthésiques et notamment par le chloroforme. Ces altérations se traduisent par toute une gamme de symptômes, qui va de l'ictère grave au subictère léger, et même à ces rétentions biliaires latentes décrites par MM. Brulé, Garban et Legal La Salle. Ces auteurs ont montré que, dans les narcoses prolongées, le chloroforme et l'éther provoquent à peu près constamment une rétention de sels biliaires et d'urobiline, qui persiste pendant plusieurs jours ; dans les narcoses de plus courte durée, l'éther paraît moins toxique que le chloroforme : l'excrétion d'urobiline et de sels biliaires est moins fréquente avec le premier de ces anesthésiques. Il était intéressant de reprendre cette étude avec l'épreuve de l'hémoclasie digestive, non seulement dans l'anesthésie par l'éther et le chloroforme, mais dans l'anesthésie par le protoxyde d'azote, et comparativement dans l'anesthésie locale par la novocaïne.

Les malades que nous avons examinés ont été choisis naturellement parmi ceux qui ne présentaient aucune tare hépatique antérieure, réagissaient à l'épreuve de l'hémoclasie digestive comme des sujets normaux, et n'excrétaient, par les urines, ni pigments, ni sels biliaires.

Les résultats auxquels nous sommes arrivés diffèrent ainsi qu'il fallait s'y attendre, suivant les anesthésiques employés.

Avec le chloroforme, même administré à faible dose, l'insuffisance protéopexique s'est montrée constante et précoce. Sur les quatre malades que nous avons observés et chez lesquels la durée de l'anesthésie a varié de 20 à 35 minutes, trois fois la crise d'hémoclasie, provoquée par la simple absorption d'un verre de lait, s'est manifestée déjà 24 heures après l'opération, alors que les urines ne contenaient encore ni urobiline ni sels biliaires. Une fois, elle n'est apparue qu'au bout de 48 h., en même temps qu'une urobilinurie légère ; il s'agissait d'une anesthésie peu intense, la quantité de chloroforme débitée par l'appareil de Ricard n'ayant pas excédé 11 cm^3.

L'évolution de cette insuffisance post-chloroformique a varié suivant les malades ; sa durée, cependant, n'a jamais excédé quelques jours. Dans un cas, concernant une anesthésie de 26 minutes avec absorption de 14 cm³ de chloroforme, l'hémoclasie digestive qui apparut 24 heures après l'opération, ne disparut que le sixième jour. Il n'y eut, à aucun moment, rétention des sels biliaires ; par contre, l'urobilinurie qui ne se montra que 24 heures après l'insuffisance protéopexique se prolongea 48 heures après la disparition de celle-ci. Chez une malade, ayant inhalé 37 cm³ de chloroforme au cours d'une anesthésie de 32 minutes, et qui, 24 heures après l'intervention ne présentait, elle aussi, qu'une crise d'hémoclasie digestive, sans urobilinurie ni cholalurie ces deux symptômes apparurent simultanément au bout de 48 heures. Quatre jours après l'opération, la rétention des sels biliaires disparut alors que l'épreuve de l'hémoclasie digestive était toujours positive et que l'urobilinurie persistait. Ce n'est que le sixième jour que ces deux signes d'insuffisance hépatique, disparurent à leur tour. Dans un troisième cas, où la dose de chloroforme respirée fut de 11 cm³, l'insuffisance protéopexique, qui apparut 48 heures après l'opération et qui persista pendant 6 jours, ne s'accompagna à aucun moment, ni d'urobilinurie, ni de cholalurie. Elle constituait donc le seul témoin d'une altération hépatique qui sans la recherche de l'hémoclasie digestive aurait passé inaperçue. Enfin chez une quatrième malade, qui absorba 14 cm³ de chloroforme, l'épreuve de l'hémoclasie digestive positive dès le lendemain, resta positive pendant 5 jours. Elle s'accompagnait seulement d'urobilinurie, qui persistait encore 8 jours après l'opération.

L'anesthésie par l'éther nous a fourni des résultats beaucoup plus inconstants que ceux observés avec le chloroforme. Ici la question de la dose de l'anesthésique absorbé semble revêtir une importance capitale.

Dans les petites anesthésies, la fonction protéopexique du foie reste, semble-t-il, indemne. C'est ainsi que chez deux malades, anesthésiés à l'éther l'une pendant 10 minutes, l'autre pendant 18 minutes, l'épreuve de l'hémoclasie digestive a été complètement négative. Il en a été de même de la réaction de Hay, l'urobilinurie existait dans un cas en proportion très notable et dans l'autre en faible quantité.

Dans les anesthésies plus prolongées, l'éther arrive à léser la fonction protéopexique, mais d'une façon moins précoce et moins profonde que ne le fait le chloroforme. Ainsi, chez une malade qui resta anesthésiée pendant 26 minutes, la crise hémoclasique n'apparut qu'après 48 heures et disparut 2 jours plus tard ; elle évolua parallèlement à une urobilinurie légère, sans cholalurie. Chez une seconde malade, dont l'anesthésie se prolongea pendant 35 minutes, la crise d'hémoclasie digestive, qui n'apparut également qu'après 48 heures, ne dura que 3 jours ; de plus, elle était peu intense, et, comme il est fréquent en pareil cas, s'effectuait en échelons ; les chiffres des leucocytes présentaient une série d'oscillations ascendantes et descendantes. Il n'y eut dans ce cas ni urobilinurie, ni excrétion des sels biliaires.

Enfin, nous avons effectué les mêmes recherches

chez quatre malades endormis par un troisième anesthésique : *le protoxyde d'azote*. Dans deux cas où l'anesthésie a été prolongée, l'hémoclasie digestive existait ; elle apparut 24 heures après l'intervention. Le premier cas concerne une anesthésie de 35 minutes ; l'insuffisance protéopexique dura 3 jours ; elle coïncidait avec une urobilinurie notable, sans cholalurie ; dans le second, où l'anesthésie dura 40 minutes, l'insuffisance protéopexique se prolongea 4 jours ; il y eut, parallèlement, excrétion d'urobiline et de sels biliaires.

Par contre, dans deux autres cas, où l'anesthésie fut de courte durée (17 et 24 minutes), nous n'avons observé ni insuffisance protéopexique, ni rétention de sels ou de pigments biliaires.

Aux résultats qui précèdent, et qui tous concernent les anesthésies générales, il faut opposer ceux que nous a fournis l'étude d'un anesthésique local : *la novocaïne*. D'après les constatations faites dans les cas que nous avons observés, cette substance n'exerce aucune action nocive sur le foie. Trois sujets ont reçu respectivement, par voie intrarachidienne, 8 centigrammes, 10 centigrammes et 12 centigrammes de novocaïne, un quatrième a reçu la très forte dose de 2 grammes en injection sous-cutanée ; aucun d'eux n'a présenté le moindre signe d'insuffisance hépatique. La crise d'hémoclasie digestive recherchée les jours suivants a fait défaut ; il n'y eut, d'autre part, ni urobilinurie, ni rétention des sels biliaires.

En résumé, les recherches qui viennent d'être exposées mettent en relief les deux faits suivants :

D'une part, les trois grands anesthésiques généraux couramment usités en chirurgie : chloroforme, éther et protoxyde d'azote, touchent la cellule hépatique. L'indice le plus sensible de cette altération cellulaire est l'insuffisance protéopexique qui apparaît fréquemment avant tout autre signe de lésion du foie, et peut même, dans certains cas, évoluer pour son propre compte, sans rétention de sels biliaires, sans urobilinurie.

Avec le chloroforme, l'insuffisance protéopexique s'est montrée constante, même après l'emploi de faibles doses de cet anesthésique. Avec l'éther et le protoxyde d'azote, l'insuffisance hépatique, absente en cas d'anesthésie de courte durée, apparaît dès que la narcose se prolonge.

Au contraire, la cellule hépatique reste indemne au cours de l'anesthésie locale par la novocaïne. Les doses habituelles de 10 centigrammes et 12 centigrammes injectées par voie rachidienne, et même la dose de 2 grammes administrée par voie sous-cutanée, ne produisent aucun trouble appréciable du foie, comme en témoigne l'épreuve de l'hémoclasie digestive, qui permet pourtant de déceler les altérations fonctionnelles les plus minimes.

Les résultats précédents ont leur importance dans la pratique.

Chez des sujets dont le fonctionnement hépatique est normal avant l'opération, l'insuffisance protéopexique que détermine l'anesthésie générale ne semble pas constituer une contre-indication à la narcose, il s'agit là d'un trouble fugace qui a disparu en quelques jours, chez tous les opérés que nous avons suivis et chez lesquels l'anesthésie a été prolongée jusqu'à 37 minutes. Par contre, chez les sujets atteints d'une lésion du foie, on risque de voir survenir, après l'anesthésie générale, des accidents plus ou moins graves d'insuffisance hépatique ; lorsqu'une indication opératoire se pose chez de tels sujets, il est intéressant de savoir qu'un anesthésique local, comme la novocaïne, ne détermine, même aux doses élevées que nous avons indiquées, aucune altération fonctionnelle du foie (1).

---

(1) En collaboration avec MM. Widal et Abrami, *Académie des Sciences*, 9 mai 1921.

L'INSUFFISANCE HÉPATIQUE AVEC ACIDOSE AU COURS DE LA GROSSESSE

Nous avons pu observer un bel exemple d'acidose symptomatique d'une insuffisance hépatique grave avec dégénérescence aiguë du foie, de cause inconnue, au cours de la grossesse.

Il s'agissait d'une femme, qui au septième mois de la grossesse, est prise de céphalée, de dyspnée, de tachycardie, d'épigastralgie, et de vomissements incoercibles.

Ces symptômes vont en s'aggravant. Elle donne l'impression d'une urémique : on la soigne et elle est passagèrement améliorée.

Cependant la dyspnée et la tachycardie persistent ; c'est une dyspnée *sine materia* comme dans l'urémie et l'acidose ; d'ailleurs on trouve des réactions d'acidose nettes dans les urines.

Le traitement bicarbonaté produit une amélioration réelle, mais passagère. L'accouchement provoqué aggrave au contraire fortement l'état de la malade. Elle meurt et, à l'autopsie, on ne trouve aucune lésion apparente ; cependant l'examen histologique montre une dégénérescence profonde du foie maternel et une lésion identique du foie, du fœtus, alors que les autres viscères sont sains.

Toute cette évolution impose donc le diagnostic d'insuffisance hépatique.

Le lien entre les divers phénomènes est facile à saisir. Au cours de la grossesse se produit une lésion profonde du foie de la mère et une lésion identique du foie du fœtus : ces lésions sont analogues à celles que Bar a décrites dans quelques cas d'éclampsie, à celles qu'on trouve dans l'atrophie jaune aiguë du foie : leur systématisation impose l'idée d'un poison spécifique des cellules hépatiques, ayant agi simultanément sur la mère et sur l'enfant. Il ne semble point que ce poison ait été sécrété par le fœtus lui-même, puisque l'accouchement provoqué n'a point amené d'amélioration ; son origine, aussi bien que sa nature, nous sont tout à fait inconnues.

La lésion du foie comme dans certains cas signalés par l'un de nous, s'est traduite par une acidose bien caractérisée : il y avait dans l'urine une forte réaction de Gerhardt et de Legal et de l'acétone en proportion notable. La lésion du foie se reconnaissait encore à l'urobilinurie et surtout à l'insuffisance protéolytique : il y avait excès d'ammoniaque, d'acides aminés, et le coefficient d'imperfection uréogénique d'Arthus-Maillard atteignait au début un chiffre très élevé.

L'acidose n'était pas seulement reconnaissable à l'examen des urines. Elle s'est manifestée par un ensemble de symptômes : la céphalée, l'épigastralgie, les vomissements incoercibles, et surtout la dyspnée *sine materia* qui est assez caractéristique pour faire soupçonner son existence ; ce syndrome clinique joint aux réactions urinaires, nous a permis de poser le diagnostic d'acidose et d'insuffisance hépatique ; nous l'avons maintenu jusqu'à la mort et même après l'autopsie, bien que nous n'ayons trouvé aucune lésion apparente du foie.

Il a été justifié par les découvertes de l'histologie.

Nous avons pu observer un autre cas dans le service du Dr Legry, cas qui s'est terminé par la guérison.

Ces faits qui ne sont certainement pas exceptionnels, établissent *l'existence d'une forme de grande insuffisance hépatique avec acidose* qui peut se montrer avec des allures cliniques variables, mais cependant avec un fond commun dans la symptomatologie. Elle rappelle certains cas d'insuffisance hépatique grave avec acidose que l'un de nous a publiés. Elle rappelle d'autre part l'éclampsie des femmes enceintes.

Mais ces cas d'éclampsie ne paraissent pas tous identiques dans leur symptomatologie ni dans leur pathogénie ; les uns s'accompagnent d'acidose et d'indices importants d'une altération du foie ; les autres, au contraire, ne présentent point d'acidose, pas de troubles fonctionnels hépatiques graves, et paraissent plutôt se rattacher à une insuffisance rénale (1).

---

(1) En collaboration avec MM. Marcel Labbé et Nepveux, *Paris Médical*, 21 mai 1921.

3° PALUDISME

1. — **La méningite palustre** (en collaboration avec G. Paisseau), *Soc. Méd. Hôp.*, 24 mai 1918 et *Paris médical*, 8 mars 1919.

2. — **Traitement du paludisme** (en collaboration avec G. Paisseau), *Paris médical*, 15 mars 1919).

3. — **Parasitologie clinique du paludisme** (en collaboration avec G. Paisseau), *Paris médical*, 31 janvier 1920).

4. — **Un cas de paludisme autochtone à forme biliaire et anémique** (en collaboration avec le Prof. Marcel Labbé), *Journal de médecine de Paris*, 1920, nº 12).

LA MÉNINGITE PALUSTRE

Il ne semble pas qu'il ait été fait à la méningite la part qui lui revient entre les très nombreuses manifestations nerveuses du paludisme : la dénomination de *méningite palustre*, en effet, ne se rencontre encore dans aucun traité classique. On trouve, cependant, éparses dans la littérature médicale, un certain nombre d'observations, toutes relativement récentes.

Il s'agit, en effet, d'une détermination fréquente au cours du paludisme, et nous avons déjà insisté sur ce fait que les manifestations méningées s'observaient avec une intensité variable et des caractères anatomo-cliniques particuliers à toutes les étapes du paludisme ; c'est, tout d'abord, au cours de l'accès palustre, simple ou compliqué d'atteintes légères du système nerveux, une réaction cytologique du liquide céphalo-rachidien décelant l'atteinte latente de la méninge. C'est parfois. au cours d'accidents graves, du coma en particulier, la constatation de contractures plus ou moins discrètes, raideur de la nuque, signe de Kernig qui traduisent une réaction méningée associée et de second plan. Enfin on rencontre aussi des accès qui revêtent tous les caractères d'un syndrome méningé aigu, pur et complet. Ces variétés d'accès du type pernicieux à forme de méningite aiguë sont la manifestation la plus éclatante de la méningite palustre.

On peut donc actuellement présenter une étude d'ensemble des diverses variétés d'états méningés que le paludisme est susceptible de conditionner.

1. **Réactions méningées cytologiques.** — L'examen du liquide céphalo-rachidien permet de déceler, au cours du paludisme normal, une atteinte discrète et purement anatomique de la méninge : ces réactions avaient été signalées par Pende, Vitello, Dumolard ; nous avons eu l'occasion d'en vérifier la fréquence avec MM. Monier-Vinard et Lemaire, puisque dans deux tiers des cas d'accès palustres pris au hasard nous avons constaté l'existence d'une réaction cellulaire méningée.

Cette réaction n'est pas toujours purement anatomique ; elle se révèle parfois cliniquement et avec une fréquence spéciale chez les malades où l'accès s'accompagne d'une manifestation d'ordre nerveux qui peut consister en herpès buccofacial, amaurose transitoire, paralysie d'un nerf cranien dénotant une atteinte du névraxe.

Dans certains cas, les symptômes nerveux consistent uniquement en une céphalée anormalement violente accompagnée de quelques vomissements. Ces constatations sont importantes, car elles permettent d'incriminer l'origine méningée d'un certain nombre de complications nerveuses du paludisme chronique, paralysies faciales, névrites et névralgies palustres.

II. **Etats méningés.** — Ces états qui correspondent à ce que l'on a tout d'abord dénommé le méningisme, plus tard réactions méningées, au sens clinique du mot, sont caractérisés par l'existence de symptômes méningés caractéristiques, mais, masqués par des signes généraux d'ordre divers, ils n'apparaissent pas encore au premier plan et demandent à être recherchés. Les enfants réagissent, à ce point de vue,au paludisme comme à toutes les autres maladies infectieuses, et ces réactions méningées sont chez eux particulièrement fréquentes.

Chez certains sujets, la réaction méningée reste beaucoup plus anatomique que clinique, noyée au milieu de phénomènes nerveux importants, mais n'ayant pas un caractère uniquement méningé : il en est ainsi des accès pernicieux à forme comateuse évoluant vers l'algidité, mais accompagnés de symptômes nerveux tels que délire, céphalée violente, raideurs, secousses convulsives dans les membres. La réaction céphalo-rachidienne reste encore le symptôme le plus précis de l'atteinte méningée.

D'autres fois, la symptomatologie méningée apparaît plus manifeste : au cours de divers états palustres on voit apparaître la raideur de la nuque, le signe de Kernig, une céphalée violente, de la douleur à la pression des globes oculaires, les malades prennent l'attitude en chien de fusil. Mais ici encore il ne s'agit que de réactions méningées, au sens clinique du mot ; les symptômes sont encore atténués et de second plan, noyés dans une symptomatologie plus complexe ; tantôt ils apparaissent au cours de divers états palustres d'origine cérébrale et s'associent à des phénomènes nerveux d'un autre ordre et prédominants, tantôt la maladie s'installe insidieusement après une période prodomique dont les signes orientent le diagnostic vers la méningite tuberculeuse, tantôt les phénomènes méningés s'associent à des troubles gastro-intestinaux suffisamment accentués, accompagnés de phénomènes généraux et d'une courbe fébrile qui font penser à une dothiénentérie.

Ces états méningés se terminent habituellement par la guérison, et leur évolution généralement favorable est même un de leurs caractères distinctifs. Leur diagnostic peut être des plus délicats ; cependant il est possible de leur attribuer un certain nombre de caractères particuliers. Il en est ainsi dans les cas où la température affecte un type nettement intermittent et surtout lorsque les signes méningés, comme cela est relaté dans un certain nombre d'observations, suivent dans leur intensité les variétés de la courbe thermique et ont une évolution périodique ; les accidents méningés et les accidents paludéens marchent alors de pair et sont soumis tous deux à la loi de l'intermittence, chaque accès paludéen provoquant un paroxysme de l'état méningé.

III. **Méningites aiguës.** — Ce sont les cas où le syndrome méningé est à la fois complet et pur, dominant si complètement le tableau clinique que l'on pense inévitablement tout d'abord à une méningite cérébro-spinale. La brusquerie de ces accidents, leurs analogie au point de vue évolutif avec d'autres accidents cérébraux du paludisme autorisent à les considérer comme une variété d'accès pernicieux.

Nous avons pu suivre à l'Hôpital de Meknès, l'observation d'un malade qui a présenté un accès pernicieux ayant revêtu la forme d'une méningite aiguë : le syndrome méningé est presque complet, aucun symptôme surajouté n'altère le tableau clinique : l'état du liquide céphalo-rachidien traduit de son côté l'altération anatomique de la méninge. En réalité ces faits ne sont pas isolés : nous avons eu déjà l'occasion d'en observer un nombre important à l'armée d'Orient si bien que l'un de nous a décrit avec MM. Armand-Delille et Lemaire une forme méningée convulsive de l'accès pernicieux. Bien plus, si l'on se réfère à la description que MM. Grall et Marchoux donnent de l'accès convulsif, on y retrouve la plupart des éléments principaux du syndrome méningé : le rejet de la tête en arrière, les contractures, les troubles du pouls et du rythme respiratoire, les troubles vaso-moteurs. Seuls manquent le signe de Kernig et les résultats de la ponction lombaire, encore inconnus à l'époque où ont été édifiées ces descriptions classiques. On arrive donc à cette conclusion qu'une des modalités les plus communes de l'accès pernicieux, l'accès convulsif, n'est rien autre chose qu'une méningite aiguë. La symptomatologie de l'accès méningé est assez constante pour que nous puissions en présenter une description d'ensemble.

Les phénomènes convulsifs par lesquels débute cet

accès pernicieux sont du type épileptiforme et simulent de très près le mal comitial : le malade est pris brusquement de phénomènes convulsifs généralisés, la perte de connaissance est immédiate, une écume sort des lèvres, souvent sanguinolente en raison de la morsure de la langue. On a toutefois signalé un certain nombre de caractères distinctifs à l'épilepsie palustre : le cri initial fait défaut avant la perte de connaissance ; il n'y a pas d'alternance régulière des convulsions toniques et cloniques et nous n'avons pas observé de relâchement des sphincters. Les phénomènes d'excitation cérébrale qui font suite aux convulsions peuvent encore être opposés à la phase de torpeur de l'épilepsie vraie.

Les contractures d'origine méningée apparaissent dès le début, mais elles n'atteignent que progressivement une intensité qui peut être comparable à celle de n'importe quel état méningé ; la raideur de la nuque peut être telle que la tête se renverse en arrière et que le corps se tend en arc de cercle ; le signe de Kernig est de la plus extrême netteté.

Après une phase d'excitation cérébrale de durée variable et qui d'ailleurs peut manquer, le malade tombe dans le coma complet ; celui-ci peut s'accompagner parfois de déviation conjuguée ou dissociée de la tête et des yeux ; l'attitude en chien de fusil précise encore l'aspect extérieur des états méningitiques et l'on conçoit qu'en présence de phénomènes aussi accentués la confusion soit possible avec la méningite cérébro-spinale.

Tous les autres symptômes de la série méningée peuvent venir compléter le tableau clinique :

Les vomissements sont très fréquents, souvent violents et répétés. Les troubles vaso-moteurs sont très nets ; la face est vultueuse, avec des marbrures rouge foncé ; le pouls est ralenti, petit, souvent intermittent, irrégulier. Il y a également des troubles du rythme respiratoire, avec des irrégularités et des pauses. La dilatation pupillaire semble constante et s'oppose au myosis signalé dans le coma palustre simple (Grall) ; le strabisme n'est pas rare. Il y a pendant un certain temps de la constipation et de l'anurie.

L'évolution de ces accidents est variable, la température monte progressivement pendant la période de coma qui peut être entrecoupée de phénomènes de délire aigu, d'excitation et de reprise des phénomènes convulsifs. La mort peut survenir dans le coma. Lorsqu'un traitement énergique est institué, l'évolution vers la guérison se dessine assez rapidement ; la guérison spontanée peut même s'observer, mais on doit signaler l'apparition de séquelles tardives : l'ulcération de la cornée survenue pendant la convalescence chez notre malade en est un exemple.

IV. **Liquide céphalo-rachidien.** — L'état du liquide céphalo-rachidien est généralement en relations très étroites avec les phénomènes cliniques observés dans les différents états méningés d'origine palustre. La réaction cellulaire méningée est d'un type très uniforme : elle est constituée fondamentalement par des lymphocytes et des moyens mononucléaires parfois associés à des cellules endothéliales. Simultanément l'albumine du liquide est très notablement augmentée, l'hypertension est habituellement nulle ou modérée.

Parfois, dans les réactions très atténuées accompagnant des accès paludéens simples en apparence, on compte seulement un petit nombre de lymphocytes.

Le plus souvent il s'agit de réactions moyennes où l'on rencontre par champ d'immersion deux à quatre éléments représentés par des lymphocytes et quelques moyens mononucléaires ; la teneur en albumine du liquide est cependant nettement accrue.

Dans les réactions cytologiques importantes qui accompagnent le plus souvent des phénomènes cliniques méningés intenses, la formule est toujours représentée par une prédominance des petits lymphocytes, quelques lymphocytes de dimensions un peu plus considérables et de rares moyens mononucléaires ; il n'y a généralement pas de polynucléaires. Le nombre de ces éléments figurés oscille entre 5 à 20 par champ d'immersion ; la teneur en albumine du liquide est alors augmentée dans des proportions parfois considérables. Dans certains cas même, l'aspect peut être celui des liquides inflammatoires lorsqu'on rencontre des flocons fibrineux nettement visibles.

V. **Anatomie pathologique.** — Il resterait à compléter cette étude de la méningite palustre par une description anatomo-pathologique qui ferait apparaître la lésion dont témoigne la réaction cytologique du liquide céphalo-rachidien. Nous n'avons pas eu l'occasion de pratiquer l'autopsie de cas de ce genre, mais on peut retrouver la preuve anatomique des lésions méningées dans les descriptions anciennes des accès pernicieux cérébraux où sont notés à la fois les embolies parasitaires et les congestions des vaisseaux pie-mériens, le piqueté hémorragique de la substance grise sous-jacente. L'autonomie de la méningite palustre se trouve ainsi complétée.

On voit que son importance n'est pas négligeable et qu'on la rencontre à toutes les étapes de l'évolution du paludisme, qui en réalise tous les degrés, depuis la réaction purement anatomique jusqu'au syndrome méningé aigu, expression habituelle d'une forme commune d'accès pernicieux. Nul doute que certaines manifestations du paludisme portant sur le système nerveux périphérique ne doivent être considérées comme des conséquences plus ou moins tardives de l'atteinte des enveloppes du névraxe. La comparaison qui s'impose toujours à l'esprit entre les deux infections à protozoaires que sont la syphilis et le paludisme sera une fois de plus justifiée en ce qui concerne la méningite syphilitique et la méningite palustre.

Cette méningite palustre est un exemple particulièrement probant d'un syndrome anatomo-clinique classique réalisé par le paludisme. L'enseignement que ce fait comporte resterait très incomplet si on n'y voyait pas l'expression d'une règle générale : l'accès pernicieux n'est que la plus haute expression d'une détermination viscérale localisée.

Il ne nous paraît pas douteux que la terminologie purement clinique, ancienne et un peu désuète des accès pernicieux, des fièvres comitées des anciens auteurs ne puisse être ramenée à des syndromes anatomo-cliniques précis. Ceux-ci affectent d'ailleurs une netteté particulière dans le paludisme pernicieux, où les localisations viscérales apparaissent indépendamment de toute autre manifestation.

Il y a lieu de souligner à ce propos une particularité notable de notre observation, l'absence de parasites dans le sang périphérique au cours de cet accès pernicieux, que des examens répétés nous permettent d'affirmer. Ce fait est d'autant plus à retenir qu'il se retrouve dans plusieurs des observations de méningite palustre, même des malades non quinisés (Lortat-Jacob, Caïn, Porot, de Massary et Tockmann) ; il montre bien que l'accès pernicieux n'est pas nécessairement la conséquence d'une infestation massive de l'organisme par l'hématozoaire avec localisation viscérale secondaire ; la détermination méningée a été au contraire, dans ce cas, d'emblée prédominante. On peut bien objecter que les parasites ont disparu du torrent circulatoire sous l'influence de la quinisation forte à laquelle ce malade a été soumis, mais il n'en résulte pas moins que l'hématozoaire s'est fixé sur la méninge, indépendamment de tout état septicémique et malgré l'action de la quinine ; l'un de nous avait d'ailleurs eu l'occasion de rencontrer à l'armée d'Orient un certain nombre d'accès pernicieux sans pullulation de l'hématozoaire dans le sang. Cette particularité n'est donc pas absolument exceptionnelle ; elle souligne la prééminence de la localisation sur les organes profonds dans les accès pernicieux. Ainsi s'explique que la méningite palustre aiguë puisse acquérir, au même titre que les autres syndromes conditionnés par le paludisme, une autonomie aussi complète et une expression clinique aussi classique (1).

---

(1) En collaboration avec le Dr G. PAISSEAU. Soc. Méd. Hôp., 24 mai 1918 et *Paris Médical*, 8 mars 1919. Travail de l'Hôpital de Meknès.

TRAITEMENT DU PALUDISME

Les modes de traitement auxquels nous nous sommes arrêtés sont les suivants ; ils varient selon qu'il s'agit de tierce bénigne ou de tierce maligne.

Tierce bénigne. — Une injection intramusculaire de 1 gr. 20 de quinine est pratiquée aussitôt après l'accès ou au cours de l'accès, de préférence dès que la température cesse de s'accroître : elle est suivie, dans les vingt-quatre heures, à six ou douze heures d'intervalle de préférence, d'une injection de 15 centigrammes de 914.

Les injections suivantes sont pratiquées tous les sept jours dans les mêmes conditions, la dose d'arsénobenzol étant seulement portée à 30 centigrammes, qu'il nous a paru inutile de dépasser.

Nous pratiquons ainsi six injections consécutives, hebdomadaires, suivies de deux injections pratiquées à quatorze jours d'intervalle ; la durée du traitement, comportant huit injections, est ainsi de onze semaines.

Les résultats obtenus au cours du traitement paraissent des plus remarquables : aucun des 25 malades chez lesquels nous avons pu poursuivre ce traitement régulièrement n'a présenté d'accès pendant la période de près de trois mois où il était régulièrement injecté ; les examens de sang pratiqués à la veille des injections se sont toujours montrés négatifs.

On peut donc admettre que des injections hebdomadaires de quinine et 914 suffisent à maintenir un paludéen sans accès, aussi longtemps qu'elles sont poursuivies.

Les résultats ultérieurs sont plus difficiles à apprécier, le plus grand nombre des malades ne pouvant être suivis après la cessation du traitement. Trois de nos malades n'avaient pas récidivé deux mois avant la fin du traitement. Nous avons pu constater une récidive chez quatre autres, ces récidives s'échelonnant entre le quinzième jour chez un malade qui, il est vrai, n'avait reçu qu'un traitement incomplet de quatre injections, et deux mois, la moyenne de la durée de la rémission étant de sept semaines.

Il convient d'ajouter que le traitement exerce une influence des plus remarquables sur l'état général des sujets dont l'anémie diminue rapidement, en même temps qu'il se produit une augmentation de poids qui est en moyenne de 3 à 4 kilogrammes.

En raison de la durée de la rémission obtenue, il nous paraît utile de conseiller une reprise du traitement après un mois de repos et de pratiquer, à ce moment, une nouvelle série de six injections ; la durée totale du traitement assurerait ainsi une rémission de six mois à la suite de laquelle on aura toute chance d'obtenir une stérilisation sinon définitive, tout au moins de longue durée, de l'infection paludéenne. Ce résultat sera réalisé avec une dose tout à fait minime de 16 gr. de quinine et de 4 gr. 20 d'arsénobenzol ; le malade, astreint uniquement à une injection hebdomadaire,pouvant poursuivre son traitement sans interrompre ses occupations.

Tierce maligne. — Nous avons traité exclusivement des sujets porteurs de nombreux croissants, à une période rapprochée des accidents de première invasion. Comme on pouvait le prévoir, ces infections, particulièrement résistantes à tous les traitements, ont réagi d'une façon beaucoup moins nette à cette thérapeutique.

Les accès se sont, au début, reproduits à courts intervalles. Nous avons tout d'abord essayé de réinjecter les malades à chaque accès et obtenu ainsi, au bout de quatre à cinq injections rapprochées, leur suppression, mais sans obtenir la disparition des croissants : c'est ainsi qu'un porteur de croissants a été maintenu pendant deux mois sans accès, mais présentait encore des gamètes dans son sang à la fin du deuxième mois.

On est donc conduit à la même conclusion que M. Carnot : c'est la quinine qui demeure le médicament d'agression du paludisme : nous l'avons utilisée de la façon suivante : le paludéen en accès, porteur de croissants, reçoit chaque jour deux injections de 1 gr. 20 de quinine, matin et soir, jusqu'à la chute de la température au-dessous de 38° ; une injection de 15 centigrammes d'arsénobenzol est alors pratiquée ; la quinine est ensuite administrée à la dose de 2 grammes par jour en ingestion et continuée jusqu'au deuxième jour d'apyrexie complète.

Dans certains cas d'infection particulièrement intense avec anémie profonde et amaigrissement, nous avons continué l'ingestion de quinine pendant 15 jours consécutifs.

Les injections de quinine et de 914 sont répétées régulièrement tous les 7 jours, pendant 3 mois ; deux injections sont encore pratiquées à 15 jours d'intervalle. la durée totale du traitement atteignant ainsi 3 mois. Il nous paraît prudent de conseiller une seconde série de six injections hebdomadaires après 1 mois de repos, lorsque le malade pourra être suivi aussi longtemps.

La courbe de température ci-contre montre un type de traitement, et le résultat obtenu dans un cas particulièrement grave.

Les résultats n'ont pas été moins encourageants que dans la tierce bénigne : sur 16 malades régulièrement traités, aucun accès ne s'est produit au cours du traitement, en même temps que l'état général s'améliore, et qu'il se produit des augmentations de poids que nous avons vu atteindre de 8 à 10 kilogrammes en 2 mois. L'action sur les parasites n'a pas été moins nette : la disparition des croissants s'est faite constamment entre le quatorzième et le vingtième jour au maximum ; en pratiquant la numération des parasites par rapport aux globules blancs sur les gouttes épaisses, on peut, quelque approximatif que puisse être ce procédé, se rendre compte de leur diminution progressive. Il s'agissait pourtant, dans ces cas, d'infections à parasitisme intense où le taux des croissants atteignait 10 et même 25 % des leucocytes, jusque 1500 parasites, par conséquent, au millimètre cube. Chez des malades de cette catégorie que nous avions vu, malgré des quinisations fortes et prolongées, des accès survenir au cours même de la quinisation et les croissants persister pendant plusieurs mois. C'est dans ces cas encore que le paludisme récidive avec la même intensité dès que le traitement est interrompu. C'est alors surtout que le malade devient rebelle au traitement par la quinine et s'ingénie à s'y soustraire tant par la lassitude d'un médicament qui lui semble inefficace que du fait de l'intolérance réelle qui survient souvent après une administration prolongée et ininterrompue.

En résumé, sans avoir la prétention d'avoir mis définitivement au point la thérapeutique du paludisme par la quinine et l'arsénobenzol associés, nous croyons que cette méthode est susceptible de fournir des résultats remarquables : elle nous semble permettre à l'heure actuelle, de maintenir un paludéen sans accès pendant toute la durée de son application. La quantité minime de quinine et d'arsénobenzol employés permet un usage d'autant plus prolongé du traitement que celui-ci peut être poursuivi non seulement sans hospitaliser le malade, mais même sans nécessister une interruption de ses occupations. Si le secours du laboratoire est utile, il n'est pas indispensable, si bien qu'il est seulement nécessaire d'avoir une installation rudimentaire, permettant de pratiquer des injections intramusculaires et intraveineuses dans de bonnes conditions.

Nous croyons devoir insister, en terminant, sur deux conditions qui nous paraissent indispensables à l'efficacité de cette thérapeutique : il est particulièrement utile, en effet, de faire débuter le traitement au moment d'un accès et de le continuer à intervalles réguliers tous les sept jours, cette condition étant nécessaire pour faire coïncider approximativement les injections avec la pullulation des parasites dans les organes hématopoiétiques qui précède les accès et permettre d'obtenir, par des destructions successives, une stérilisation durable.

Il va sans dire que cette thérapeutique ne dispense pas de l'emploi de deux adjuvants précieux et souvent indispensables au traitement du paludisme, le fer et surtout l'adrénaline, toujours de mise chez les paludéens graves et hypotendus. On y aura d'autant plus volontiers recours que l'adrénaline facilite la tolérance au 914 dans les états d'hypotension si fréquents dans le paludisme (1).

---

(1) En collaboration avec G. Paisseau, *Paris Médical*, 15 mars 1919. Travail de l'Hôpital de Meknès.

CONSIDÉRATIONS SUR LA PARASITOLOGIE CLINIQUE DU PALUDISME

Dans un service de paludéens, au Maroc, nous avons, par des examens pratiqués régulièrement et à de brefs intervalles, suivi les variations de l'infection sanguine par l'hématozoaire chez les malades soumis aux divers traitements employés dans le paludisme. Ce sont les constatations fournies par cette étude poursuivie pendant plus d'un an que nous apportons ici. La plupart ont été déjà signalées, mais il nous a paru intéressant d'apporter certaines précisions sur ce sujet et surtout de présenter dans leur ensemble quelques considérations concernant l'évolution générale de l'infection malarienne : son intérêt ne le cède en rien à celui que présente l'évolution des parasites au cours du paroxysme fébrile qui, jusqu'à présent, a surtout attiré l'attention des observateurs.

Nous envisagerons successivement l'accès palustre fébrile, l'évolution générale de la septicémie plasmodiale, l'influence du traitement sur les parasites *in vivo*.

N'ayant eu l'occasion d'observer qu'un nombre

infime d'infections par le parasite de la fièvre quarte, nous ne nous occuperons que du *Plasmodium vivax* et du *Plasmodium præcox*.

Accès palustres. — 1° Dans la réalité, l'accès tierce régulier, lié à l'évolution d'une seule génération de parasites, se rencontre bien moins communément que les accès irréguliers de types divers, car il n'apparaît habituellement qu'après plusieurs mois de paludisme non réinfecté. Ceci est encore plus vrai au point de vue parasitologique qu'au point de vue clinique : même dans les accès fébriles tierces il existe le plus souvent, à côté de l'essaim qui a engendré le paroxysme fébrile, des parasites de seconde génération, trop peu nombreux pour provoquer la poussée fébrile, mais que l'on retrouve facilement sur les préparations à côté des autres.

2° A la période des rechutes ont voit apparaître dans le sang, à côté des formes sexuées, des formes asexuées ou gamètes. Il convient d'établir une distinction, à cet égard, entre le parasite de la tierce bénigne et celui de la tierce maligne.

Les gamètes de *vivax*, en effet, suivent une évolution en tous points parallèle à celle des schizontes : comme ces derniers, ils apparaissent, augmentent de nombre dans le sang au moment du paroxysme fébrile et diminuent ensuite progressivement. En outre, si, le plus souvent, on rencontre surtout dans le sang des gamètes adultes, il n'est pas rare, dans les infections très intenses, de retrouver des formes très jeunes avec tous leurs intermédiaires jusqu'au stade adulte et même des segmentations au début, les macrogamètes en parthénogenèse complète restant toutefois exceptionnels.

Tout au contraire, ces relations entre les formes asexuées et les gamètes font absolument défaut dans l'infection à tierce maligne.

Chez certains malades très infectés, porteurs chroniques de croissants, on voit ces derniers persister dans l'intervalle des accès, pendant des périodes d'apyrexie parfois fort longues et à l'exclusion de toute forme asexuée. A l'inverse des gamètes de tierce bénigne, les croissants diminuent très sensiblement de nombre les jours qui précèdent l'accès, et deviennent plus rares encore au cours même de l'accès.

A l'inverse encore du gamète de *vivax*, le croissant, sauf exception, ne se rencontre guère dans le sang périphérique qu'au stade adulte, son développement s'opérant dans les organes hématopoiétiques. Toutefois, la segmentation des macrogamètes a été observée et bien décrite par Lewkowicz, Maurer, Billet. Nous n'avons pas eu personnellement l'occasion de rencontrer la bipartition des croissants en deux éléments bien distincts ; cependant nous avons assez souvent observé, surtout à la veille d'un accès, la division nucléaire en deux noyaux secondaires, l'un et l'autre entourés d'une couronne de pigment ; cette figure doit être considérée comme une phase préliminaire de la parthénogenèse, et Billet insiste à juste raison sur l'importance de cette constatation qui doit faire admettre l'origine parthénogénétique des accès de la période des rechutes.

3° Il est bien établi que les schizontes de la tierce maligne achèvent leur évolution dans les organes et disparaissent de la circulation pendant les heures qui précèdent l'acmé de l'accès fébrile. On ne devra donc pas s'étonner d'examens de sang négatifs au cours d'accès palustres avérés, lorsqu'il n'existe qu'une seule génération d'hématozoaires, et toujours recourir à un nouvel examen fait au moment opportun. Il est également avéré que l'hématozoaire est difficile à retrouver ou fait même parfois défaut au cours des accès survenus en période de quinisation. On doit donc en conclure logiquement qu'il existe des accès authentiques d'origine viscérale, la quinine supprimant la septicémie mais restant impuissante à entraver la pullulation du parasite dans les organes hématopoiétiques.

Certaines observations donnent à penser que des faits de ce genre peuvent se produire chez des malades non quinisés : dans quelques cas, chez des paludéens avérés, en état d'accès fébrile franc, non quinisés depuis plusieurs jours et parfois plusieurs semaines, nous n'avons pu, par des prélèvements répétés au cours de l'accès, tant sur les gouttes épaisses que sur les étalements, réussir à distinguer des parasites ; au cours de cette guerre, Bohm a également signalé, en Allemagne, des accès graves sans parasites. Il semble donc qu'il y ait lieu de faire ressortir l'existence d'accès paludéens viscéraux, non septicémiques, susceptibles de se produire soit au cours de la quinisation, soit même spontanément.

Accès pernicieux. — Nous avons eu l'occasion de rencontrer des accès pernicieux au cours desquels l'examen restait en défaut, chez des malades quinisés ou non. Ces faits ne sont pas exceptionnels ; dans plusieurs cas de méningite palustre, notamment, récemment publiés, l'hématozoaire n'avait pu être retrouvé dans le sang. En les rapprochant des constatations anatomopathologiques qui montrent l'existence des embolies parasitaires dans les capillaires des centres nerveux au cours des accès cérébraux, l'accumulation des hématozoaires dans les capsules surrénales au cours des accès algides, on est autorisé à conclure que l'accès pernicieux est avant tout la résultante d'une localisation prédominante de l'agent infectieux sur un viscère déterminé.

Tierce maligne. — Le type le plus représentatif est celui du porteur de croissants. On le rencontre après les accidents de première invasion, à la période des rechutes, depuis le mois d'août jusqu'au mois de février.

Ce sont des sujets, en général notablement anémiés, présentant des accès groupés en série ou isolés, de type irrégulier et très rarement tierce, dans le sang desquels on trouve des corps en croissant à tous les examens, quel que soit le traitement mis en œuvre.

Le nombre des croissants peut être extrêmement élevé ; on peut, sur les gouttes épaisses, l'évaluer proportionnellement au nombre des leucocytes. Quelque approximatif que soit ce procédé, il peut donner néanmoins une idée de leur quantité qui oscille entre 1 p. 100

jusque 25 à 30 p. 100 des leucocytes, atteignant ainsi le chiffre de 2000 gamètes par millimètre cube de sang ; celui de 500 à 600 se rencontre très couramment.

Cette septicémie n'est pas notablement influencée par le traitement quinique : des doses fortes et continues de quinine diminuent le nombre des gamètes sans déterminer leur disparition complète. Toutefois certaines méthodes peuvent entraver la production des accès, si bien que nous avons pu maintenir des malades sans accès pendant deux mois sans parvenir à faire disparaître les croissants qui persistaient, oscillant entre 1/2 et 1 p. 100 des leucocytes. On peut même voir, chez ces malades, malgré la persistance des parasites dans le sang, l'état général s'améliorer sous l'influence du traitement, l'anémie diminuer et le poids augmenter, tous ces signes généraux semblant conditionnés par la gravité et la fréquence des accès, beaucoup plus que par la présence des hématozoaires.

Cette infection latente subit des variations qu'il est intéressant de signaler :

Il existe tout d'abord des fluctuations qui sont surtout en relation avec la production des paroxysmes fébriles : dans l'intervalle des accès on ne rencontre que des gamètes ; les formes asexuées apparaissent seulement et en petit nombre dans les deux ou trois jours qui précède l'accès, comme l'a montré M. Marchoux ; simultanément le nombre des croissants diminue sensiblement, au point de disparaître quelquefois au cours de l'accès où l'examen ne peut plus montrer que des petites formes. L'accès une fois terminé, le nombre des gamètes s'accroît à nouveau progressivement pour atteindre et même dépasser son taux antérieur.

Cette diminution brusque est parfois si nette qu'elle peut faire suspecter un accès.

Une autre modification également remarquable semble parfois se produire sous l'influence de la quinine : chez un malade qui avait reçu en plein accès une injection intraveineuse de quinine, nous avons vu apparaître, le lendemain, une énorme quantité de croissants qui étaient en proportions très faibles avant l'injection.

Les croissants peuvent persister fort longtemps dans le sang. Nous les avons parfois retrouvés pendant deux mois consécutivement, sans qu'aucun examen restât négatif. En général, au bout d'un mois à six semaines ils diminuent peu à peu et ne se rencontrent plus que de façon intermittente, mais il faut parfois attendre trois mois et même davantage pour assister à leur disparition durable.

Nous avons observé, à titre tout à fait exceptionnel, un porteur chronique de schizontes. Ce malade, dans le sang duquel on put trouver à plusieurs reprises des croissants et des schizontes présenta un accès à la suite duquel les gamètes disparurent, tandis que huit examens systématiquement pratiquées décelaient pendant un mois la présence de schizontes en nombre appréciable sur les gouttes épaisses, mais ne se retrouvant qu'après un examen prolongé sur les étalements. Durant toute cette période au cours de laquelle il fut soumis au traitement mixte, quinine et cacodylate de soude, il ne présenta ni accès ni même un de ces légers malaises, courbature, céphalées, si communs chez les paludéens en incubation d'accès.

Il s'agit là d'une exception, car, contrairement aux croissants dont la présence dans le sang ne donne lieu à aucun phénomène subjectif, l'apparition des schizontes est régulièrement liée à la production des paroxysmes fébriles qu'ils précèdent habituellement de peu de jours ; ils disparaissent du sang dès que les accès s'espacent suffisamment.

Toutefois on ne saurait affirmer que, inversement, les malaises, si fréquents dans l'intervalle des accès : céphalées, courbatures, sueurs nocturnes, soient nécessairement en rapport avec une septicémie discrète et insuffisante pour provoquer un accès franc. Les résultats, à ce point de vue, sont des plus variables ; si ces phénomènes s'accompagnent parfois de l'apparition de quelques schizontes dans le sang, ce fait est loin d'être constant et, plus fréquemment encore, les parasites sont absents ou en trop petit nombre pour être accessibles aux moyens actuels de recherche.

Tierce bénigne. — L'évolution du gamète de cette forme est toute différente ; il suit, comme nous l'avons montré, l'évolution des formes sexuées ; dès que le malade n'est plus en période d'accès rapprochés, les examens se montrent négatifs pour les gamètes comme pour les schizontes ; c'est ainsi que dans le cas d'accès hebdomadaires ils ne persistent pas pendant toute la durée de la période intercalaire. La réapparition des parasites, dans les deux ou trois jours qui précèdent l'accès, se fait selon des modalités très variables qui semblent échapper à toute règle : gamètes seuls précédant l'apparition des schizontes, schizontes isolés, ou enfin gamètes et schizontes associés, telles sont les formules parasitologiques indifféremment observées pendant cette phase préparatoire. En outre, ces gamètes sont nettement influencés par la quinine, en ce sens que le traitement, même s'il ne détermine pas une stérilisation durable, provoque très rapidement la disparition du sang des parasites. Cette règle, toutefois, comporte des exceptions, mais le temps le plus long, pendant lequel nous avons observé la persistance des gamètes isolés chez des malades non traités et sans accès, a été de neuf jours dans un cas et de trois semaines dans un autre que nous considérons comme tout à fait rare. De même, nous avons vu un malade qui recevait un gramme de quinine par jour conserver des parasites, schizontes, rosaces et gamètes, pendant tout le mois que dura le traitement ; un accès se produisit dès que celui-ci fut suspendu.

Action de la quinine sur les parasites. — A côté des altérations bien connues, nous avons presque constamment rencontré un aspect particulier du parasite quinisé qui semble bien devoir être interprété comme *une figure d'expulsion*.

A partir de la deuxième heure qui suit l'injection de quinine, on voit, de plus en plus nombreux dans les heures qui suivent, des parasites jeunes, à peu près exclusivement du stade annulaire au stade grégariniforme, s'accoler à la périphérie de l'hématie et faire ensuite hernie à sa surface.

Ces schizontes sont en général nettement altérés ; ils se rapprochent tout d'abord de la bordure de l'hématie, le protoplasma prenant souvent une forme linéaire et épousant une partie de la circonférence du disque dont il peut occuper plus du tiers. Ultérieurement, le protoplasma fait de plus en plus saillie à la surface du globule, si bien que la plus grande partie du schizonte peut s'extérioriser ; ce sont presque toujours le noyau et la portion adjacente qui adhèrent à l'hématie, le reste du parasite paraissant presque complètement éliminé. L'âge du schizonte, ses dimensions, la schüffnérisation le plus souvent très accusée des hématies montrent d'une façon certaine qu'il ne s'agit pas de stade de pénétration.

Il ne s'agit pas davantage d'artifices de préparation présentant des parasites vus sur la tranche du globule : si, en effet, on peut exceptionnellement rencontrer des figures analogues dans le sang non quinisé, on les voit au contraire se multiplier et apparaître en très grand nombre sous l'influence de la quinine, et ce sont d'ailleurs presque exclusivement des parasites altérés. On doit donc admettre, à notre avis, qu'un très grand nombre des parasites, lorsqu'ils sont influencés par la quinine à une période peu avancée de leur développement, disparaissent du globule rouge par expulsion ; ainsi s'expliquerait le nombre d'hématies altérées : corps en pessaire, semi-lunaires (Sergent), hématies schüffnérisées qui se rencontrent dans ces conditions, représentant des hématies ayant expulsé leur parasite. Nous avons effectivement rencontré des exemples de corps semi-lunaires contenant encore dans leur partie claire un parasite dégénéré mais parfaitement reconnaissable (1).

---

(1) En collaboration avec G. PAISSEAU, *Paris Médical*, 31 janvier 1920. Travail de l'Hôpital de Mecknès.

4° MALADIES INFECTIEUSES ET PARASITAIRES

1. **Méningococcémie bénigne à type de fièvre intermittente : Guérison** (en collaboration avec Jean BAUR et J. SEVESTRE). *Annales de Médecine,* tome 2, n° 6, 1915.

2. **La phlébite grippale** (en collaboration avec le Prof. agr. LEREBOULLET). *Paris Médical,* 5 juillet 1919.

3. **Note sur deux cas de typhus exanthématique** (en collaboration avec le Prof. Marcel LABBÉ). *Soc. Méd. Hôp.*, 30 avril 1920.

4. **Remarques anatomo pathologiques au sujet de deux autopsies de lépreux** (en collaboration avec le Prof. JEANSELME, Marcel BLOCH et P. BLUM). *IIIe Conférence de la Lèpre*, Paris, juillet 1923.

5. **Epidermomycose disséminée (tricophytie probable d'origine animale)** (en collaboration avec le Prof. JEANSELME, Marcel BLOCH). *Bulletin Société Dermatologie et Syphiligraphie*, 8 février 1923.

LA PHLÉBITE GRIPPALE

La phlébite grippale, relativement fréquente dans la récente épidémie, est une complication bénigne, manifestation évidente d'une septicémie très atténuée, vraisemblablement par infection secondaire. Son début insidieux peut parfois prêter à erreur de diagnostic et faire croire à tort à des phénomènes névralgiques ou névritiques, mais rapidement le diagnostic en devient évident. Fréquemment bilatérale, elle évolue sans complications emboliques ni trophiques et n'est justiciable (en dehors de l'immobilisation) d'aucun traitement spécial, la guérison se faisant à l'habitude sans séquelles (1).

(1) En collaboration avec le Pr agr. LEREBOULLET, *Paris Médical*, 5 juillet 1919.

5° SYSTÈME NERVEUX
ET GLANDES ENDOCRINES

1. **Un nouveau cas d'encéphalite léthargique** (en collaboration avec le Prof. agr. LEREBOULLET). *Soc. Méd. Hôp.*, 4 avril 1919.

2. **Sur deux cas de syndrome adiposo-génital de l'adulte d'origine hypophysaire** (en collaboration avec le Prof. agr. LEREBOULLET). *Soc. Méd. Hôp.*, 25 juillet 1919.

3. **Un cas d'encéphalite léthargique avec mouvements athétoso-choréiques** (en collaboration avec le Prof. Marcel LABBÉ). *Soc. Méd. Hôp.*, 13 février 1920.

4. **Paralysie diphtérique et tabes** (en collaboration avec M. P. WEIL) *Paris Médical*, 19 août 1922, n° 33.

5. **Encéphalite épidémique et hoquet spasmodique : l'hérédo-encéphalite** (en collaboration avec JOLTRAIN) *Presse Médicale*, 13 septembre 1924.

6. **Goitre basedowifié, Diabète, Tuberculose pulmonaire** (en collaboration avec le Dr BABONNEIX). *Soc. Méd. Hôp*, 2 novembre 1923.

7. **Neuro-syphilis. Diabète insipide** (en collaboration avec le Dr BABONNEIX et AZERAD). *Soc. Méd. Hôp.*, 14 mars 1924.

8. **Polyurie liée sans doute à un gliome de la région tubérienne** (en collaboration avec le Dr BABONNEIX). *Gazette des Hôpitaux*, n° 24, 26 mars 1925.

9. **Tuberculome protubérantiel** (en collaboration avec le Dr BABONNEIX). *Soc. Méd. Hôp.*, 31 juillet 1925.

10. **Hémiplégie infantile avec mouvements anormaux** (en collaboration avec le Dr BABONNEIX). *Bulletin Soc. Pédiatrie*, déc. 1926.

SUR DEUX CAS DE SYNDROME ADIPOSO-GÉNITAL D'ORIGINE HYPOPHYSAIRE CHEZ L'ADULTE

Les deux cas que nous avons rapporté ont bien des traits communs ; tous deux sont des exemples de syndrome adiposo-génital de l'adulte ; dans tous deux on peut mettre en relief, tant par les troubles oculaires que par les constatations radiologiques, l'existence d'une altération de l'hypophyse. Toutefois, alors que dans le premier de ces cas, l'antériorité de la lésion hypophysaire est évidente, les troubles génitaux et l'adiposité n'ayant fait leur apparition que secondairement à celle-ci ; dans le second, il est impossible d'affirmer quelle est la chronologie réelle des troubles, les manifestations oculaires n'ayant été reconnues qu'après la cessation des règles et l'apparition de l'obésité. Il est vraisemblable toutefois, étant donnée la netteté des altérations hypophysaires constatées, qu'elles ont joué dans ce cas le même rôle que dans le premier. Il faut noter de plus, dans ce second cas, l'existence des signes ébauchés d'acromégalie, fait qui n'est pas exceptionnel, dont récemment Ricaldoni rapportait un bel exemple, et qui est une raison de plus d'affirmer l'importance de la lésion hypophysaire dans la production du syndrome.

Dans nos deux cas, on peut, il est vrai, discuter et admettre l'intervention de la thyroïde. Les caractères de la peau, plutôt épaissie, donnant au doigt cette sensation d'infiltration et d'élasticité relative souvent constatée chez les myxœdémateux, permettent de penser, rapprochés de l'impossibilité de palper le corps thyroïde, que cette glande est en cause.

Mais joue-t-elle le rôle principal ou n'est-elle altérée que secondairement à l'altération hypophysaire? On sait qu'il y a quelques années, M. Gandy a isolé, sous le nom d'*infantilisme réversif de l'adulte*, un type clinique très particulier, souvent retrouvé depuis, qu'il a rattaché, avant tout, à l'insuffisance thyroïdienne (combinée à l'insuffisance testiculaire et peut-être à d'autres troubles endocriniens). Cet infantilisme, pour lequel la dénomination d'*infantilisme tardif de l'adulte* (Brissaud et Bauer) semble plus exacte et pour lequel mieux vaudrait peut-être accepter celle d'*impubérisme régressif* proposée par M. St. Chauvet, est évidemment très comparable à celui observé dans le syndrome adiposo-génital de l'adulte et notamment dans nos faits Mais dans ceux-ci comme dans beaucoup d'autres, c'est l'hypophyse, avant la thyroïde, qui doit être invoquée à l'origine du syndrome.

Ce malade est en effet, un cas typique d'impubérisme régressif ; or, si, chez lui, en raison des caractères de la peau infiltrée et épaissie et du corps thyroïde non perceptible à la palpation, on peut admettre une participation seconde de ce dernier organe, il n'est pas douteux que l'hypophyse a été la première lésée, que les symptômes traduisant son altération (céphalée, polyurie, troubles oculaires) ont précédé l'obésité et l'atrophie génitale.

L'infantilisme tardif de l'adulte, s'il est dans certains cas d'origine thyroïdienne comme l'a montré M. Gandy, est donc souvent aussi, soit sous sa forme pure, soit sous celle de *syndrome adiposogénital de l'adulte*, la conséquence d'une altération hypophysaire primitive, que la thyroïde soit ou non lésée secondairement. Ces faits d'infantilisme réversif d'origine hypophysaire peuvent être à cet égard rapprochés de l'infantilisme proprement dit. Celui-ci, longtemps considéré comme surtout d'origine thyroïdienne, est de plus en plus souvent rattaché à une lésion hypophysaire (1).

---

(1) En collaboration avec le Prof. agr. Lereboullet, *Soc. Méd. Hôp*, 25 juillet 1919.

PARALYSIE DIPHTERIQUE ET TABES

L'observation que nous avons rapportée est intéressante, non seulement à cause des difficultés diagnostiques qu'elle a suscitées, mais aussi parce qu'elle soulève la question des influences réciproques qui peuvent lier l'une à l'autre les localisations nerveuses de la syphilis et de la diphtérie.

La première impression clinique que donnait notre malade était celle d'une polynévrite diphtérique, réalisant par son extension un pseudotabes. La notion antérieure de diphtérie pharyngée et de paralysie du voile du palais, la quadriplégie, les troubles des réflexes, tout orientait dans ce sens. Cependant, on ne constatait pas de troubles de la sensibilité ; les masses musculaires et les troncs nerveux étaient indolores à la pression profonde ; il n'y avait pas trace de troubles des réactions électriques, et on était impressionné par l'importance des troubles de la réflectivité.

La notion d'une syphilis vieille de sept ans, la présence dans le liquide céphalo-rachidien et dans le sang d'une réaction de Bordet-Wassermann fortement positive éclairaient le diagnostic d'un jour nouveau. Le malade était atteint de tabes fruste : d'ailleurs l'abolition des réflexes, la lymphocytose céphalo-rachidienne et la positivité de la réaction de Bordet-Wassermann avaient été reconnues à l'hôpital Pasteur, avant la survenue de la quadriplégie.

C'est donc sur un fond de tabes fruste que le malade a greffé sa paralysie diphtérique. Celle-ci s'est accompagnée, à un certain moment de son évolution, de troubles vésicaux qui permettent d'incriminer dans son mécanisme, comme dans les observations de Lortat-Jacob, une participation médullaire. Cette paralysie est venue compliquer une diphtérie pharyngée relativement bénigne ; elle s'est généralisée malgré l'administration de 240 centimètres cubes de sérum antidiphtérique.

Il semble que, dans pareil cas, le tabes ait joué un rôle important et qu'il ait favorisé la détermination nerveuse de la diphtérie. De même que des processus infectieux aigus, subaigus ou mieux chroniques (Hutinel et Nadal) ou le traumatisme (Babonneix et David) peuvent être cause de réveil de la syphilis héréditaire, de même, inversement, la syphilis du névraxe peut jouer, pensons-nous, un rôle adjuvant, pour permettre à un poison quelconque, et entre autres au poison diphtérique de se localiser sur le système nerveux.

Mais cette localisation nerveuse du poison diphtérique n'a pas été sans provoquer une exacerbation du processus syphilitique.

Les ponctions lombaires ont révélé, en effet, non une lymphocytose banale, mais une réaction subaiguë où prédominaient les moyens mononucléaires et où les plasmazellen étaient nombreuses ; certes la glycorachie demeura normale comme cela est fréquent au cours de la syphilis du névraxe et contrairement à ce qui semble la règle au cours des réactions méningées d'origine diphtérique ; mais l'intensité de la réaction de Bordet-Wassermann dans le liquide céphalorachidien dépassa ce qu'il est habituel de voir aux cours du tabes chronique à évolution lente ou immobilisé ; enfin, alors que les troubles paralytiques rétrocédaient, la lymphocytose s'exagérait, passant de 19 à 100 éléments par mm. cube tandis que l'albumine passait de 0 gr. 58 à 0 gr. 70 au litre.

Certes il n'y eut pas apparition de nouveaux symptômes tabétiques, mais on peut se demander si la médication antisyphilitique intensive à laquelle le malade fut soumis n'a pas eu à ce point de vue, un rôle prophylactique important (1).

---

(1) En collaboration avec M. P. Weil, *Paris Médical*, 19 août 1922.

NEURO-SYPHILIS — DIABÈTE INSIPIDE

Chez une femme atteinte de cancer du sein, avec récidive locale, et, vraisemblablement, propagation au poumon, nous avons constaté :

1° *Des signes de neuro-syphilis :* inégalité pupillaire, signe d'Argyll-Robertson, énorme lymphocytose du liquide céphalo-rachidien ; ils s'accompagnent, comme c'est presque toujours la règle en pareil cas, d'aortite chronique ;

2° Une *polyurie* simple, sans glycosurie.

Sans doute, on pourrait se demander si cette polyurie n'est pas liée à l'existence, au voisinage du tuber, d'un nodule métastatique provenant de l'épithélioma du sein. A cette hypothèse, une objection. Nous n'avons observé, chez notre malade, aucun signe d'hypertension intracranienne et la névrite optique manque. Il est vrai que ces symptômes font souvent défaut dans les néoplasmes de la région tubérienne.

Il est donc plus vraisemblable d'admettre, avec les réserves d'usage, que sa polyurie est sous la dépendance d'une lésion spécifique localisée au tuber (1).

(1) En collaboration avec le Dr Baronneix et Azerad, *Soc. Méd. Hôp.*, 14 mars 1924

TUBERCULOME PROTUBÉRANTIEL

De l'observation que nous avons rapportée découlent quelques conclusions.

1° Chez l'adulte, comme chez l'enfant, les tubercules cérébraux peuvent, soit rester entièrement latents, soit se manifester uniquement par une méningite tuberculeuse. Il est classique d'attribuer celle-ci à l'ensemencement des méninges, au moment où le tubercule, de central, est devenu périphérique. Cette explication ne s'applique pas à notre cas, où la lésion protubérantielle était strictement centrale.

2° L'absence de dégénérations est facile à interpréter. D'une part, la méthode de Weigert-Pal ne décèle que les démyélinisations relativement anciennes, c'est-à-dire datant d'au moins trois semaines. De l'autre, le tubercule était de tout petit volume. La survie eût-elle été plus longue, il aurait fallu chercher ces dégénérations au-dessus, dans la partie correspondante du ruban de Reil.

3° Pas plus que MM. Pilod et Fribourg-Blanc, nous n'avons constaté de signes nets d'hypertension intracranienne. Il est vrai qu'une néoformation grosse comme un pois ou comme une lentille et située en pleine protubérance ne peut, ni par son siège, ni par sa masse, déterminer d'augmentation de pression du liquide céphalo-rachidien intracranien (1).

---

(1) En collaboration avec le Dr Babonneix, *Soc. Méd. Hôp*, 31 juillet 1925.

POLYURIE LIÉE SANS DOUTE A UN GLIOME DE LA RÉGION TUBÉRIENNE

Chez un tuberculeux présentant un pyopneumothorax droit avec lésions pulmonaires sous jacentes, un autre symptôme retenait l'attention : c'était une polyurie considérable (10 à 12 litres) remontant, paraît-il, à l'âge de dix ans, ayant résisté à tous les traitements et ne s'étant jamais compliquée de glycosurie. Elle déclanche nécessairement une polydipsie que le malade épuise en absorbant force eau de boisson.

Histologiquement gliome à petites cellules, bien limité et occupant la région tubérienne, juste au-dessus du chiasma.

En somme, polyurie chronique, durant depuis des années, chez un sujet mort de tuberculose pulmonaire. A l'autopsie, petit gliome de la région du tuber. Quelles déductions tirer de ce cas ?

Elles seront nécessairement entourées de réserves puisque l'hypophyse n'a pas été examinée. Malgré cette lacune, dont nous ne nous dissimulons nullement l'importance, il nous semble que deux ordres de réflexions s'imposent :

1° Le diagnostic des tumeurs cérébrales est bien malaisé. Sans doute, le gliome était-il de tout petit volume et l'on conçoit qu'il n'ait déterminé aucun phénomène d'hypertension intracranienne. Mais il n'avait pas produit beaucoup plus de signes locaux, abstraction faite de la polyurie. Au reste, si nous avions eu quelque soupçon, nous aurions pensé beaucoup plus à un tubercule qu'à un gliome ;

2° On ne peut pas ne pas être frappé de l'existence simultanée d'une polyurie importante et d'un gliome paratubérien. Sans doute, il est permis de supposer que l'hypophyse n'était pas intacte. Il n'en existe pas moins que la région tubérienne était le siège d'altérations manifestes. Si l'on se rappelle que, dans les cas précités, elles existaient seules, n'est-on pas autorisé, sans trop forcer les analogies, à mettre, ici aussi, la polyurie sous la dépendance d'une lésion infundibulaire ? (1)

---

(1) En collaboration avec le Dr Babonneix, *Gazette des Hôpitaux*, n° 24, 26 mars 1925.

ENCÉPHALITE ÉPIDÉMIQUE
ET
HOQUET SPASMODIQUE
L'HÉRÉDO-ENCÉPHALITE

L'observation que nous avons publiée paraît être indubitablement un cas d'encéphalite épidémique avec hoquet ayant évolué chez un syphilitique en évolution.

En faveur de l'encéphalite on pouvait invoquer : l'évolution de l'affection, la présence du hoquet, les secousses myocloniques, l'inoculation positive au lapin du liquide céphalo-rachidien, les caractères de ce liquide dans lequel on ne constatait ni lymphocytose, ni réactions humorales propres à la syphilis, mais par contre une hyperglycorachie très nette.

L'*étude expérimentale* a présenté trois particularités qui méritent de retenir l'attention.

— Le lapin inoculé avec le liquide céphalo-rachidien du malade a présenté du vertige rotatoire, des secousses diaphragmatiques et est mort d'encéphalite au 19e jour.

Un lapin inoculé avec la substance cérébrale de celui

dont nous venons de résumer l'histoire, a présenté cinq mois après l'inoculation : inclinaison de la tête à droite, inégalité pupillaire, somnolence, crises épileptiformes et hoquet. A l'autopsie lésions d'encéphalite.

— Enfin une lapine couverte par ce lapin qui n'est mort que cinq mois après l'inoculation, eut trois petits morts précocement et un quatrième qui deux mois et demi après la naissance fut pris de tremblement, de spasme, d'inclinaison de la tête à droite, de secousses myocloniques et mourut rapidement.

Il faut retenir de cette étude expérimentale, l'apparition retardée des accidents chez le second lapin, l'apparition spontanée d'accidents chez un jeune lapin né d'une mère saine couverte par le mâle qui justement avait présenté ces troubles tardifs.

Ces faits, après avoir éliminé l'hypothèse de l'encéphalite spontanée, permettent de poser nettement la question de l'Hérédo-encéphalite (1).

---

(1) En collaboration avec Ed. Joltrain. *Presse Médicale*, 13 sept. 1924

TABLE DES MATIÈRES

1927. — Saint-Amand (Cher). — Imp. A. CLERC.

www.ingramcontent.com/pod-product-compliance
Ingram Content Group UK Ltd.
Pitfield, Milton Keynes, MK11 3LW, UK
UKHW022031170726
13837UKWH00002B/522